Ordnung – holder Götterfunken...

Peter Cornelius Mayer-Tasch

Ordnung – holder Götterfunken...

Neun philosophische Miniaturen

 **J.B. METZLER**

Peter Cornelius Mayer-Tasch
Schondorf am Ammersee, Deutschland

ISBN 978-3-662-68089-6   ISBN 978-3-662-68090-2 (eBook)
https://doi.org/10.1007/978-3-662-68090-2

Die Deutsche Nationalbibliothek verzeichnet diese Publikation in der Deutschen Nationalbibliografie; detaillierte bibliografische Daten sind im Internet über http://dnb.d-nb.de abrufbar.

© Der/die Herausgeber bzw. der/die Autor(en), exklusiv lizenziert an Springer-Verlag GmbH, DE, ein Teil von Springer Nature 2023

Das Werk einschließlich aller seiner Teile ist urheberrechtlich geschützt. Jede Verwertung, die nicht ausdrücklich vom Urheberrechtsgesetz zugelassen ist, bedarf der vorherigen Zustimmung des Verlags. Das gilt insbesondere für Vervielfältigungen, Bearbeitungen, Übersetzungen, Mikroverfilmungen und die Einspeicherung und Verarbeitung in elektronischen Systemen.
Die Wiedergabe von allgemein beschreibenden Bezeichnungen, Marken, Unternehmensnamen etc. in diesem Werk bedeutet nicht, dass diese frei durch jedermann benutzt werden dürfen. Die Berechtigung zur Benutzung unterliegt, auch ohne gesonderten Hinweis hierzu, den Regeln des Markenrechts. Die Rechte des jeweiligen Zeicheninhabers sind zu beachten.
Der Verlag, die Autoren und die Herausgeber gehen davon aus, dass die Angaben und Informationen in diesem Werk zum Zeitpunkt der Veröffentlichung vollständig und korrekt sind. Weder der Verlag noch die Autoren oder die Herausgeber übernehmen, ausdrücklich oder implizit, Gewähr für den Inhalt des Werkes, etwaige Fehler oder Äußerungen. Der Verlag bleibt im Hinblick auf geografische Zuordnungen und Gebietsbezeichnungen in veröffentlichten Karten und Institutionsadressen neutral.

Einbandgestaltung nach einem Wandteppich von Dorothee Mayer-Tasch (um 1990)

Planung/Lektorat: Frank Schindler
J.B. Metzler ist ein Imprint der eingetragenen Gesellschaft Springer-Verlag GmbH, DE und ist ein Teil von Springer Nature.
Die Anschrift der Gesellschaft ist: Heidelberger Platz 3, 14197 Berlin, Germany

Das Papier dieses Produkts ist recyclebar.

Zueignung

Ich widme diese Schrift meiner Lebensgefährtin Christina Stang, die mir immer wieder dabei hilft, mein Leben „in der Waag' und im Zirkel" (Paracelsus) zu halten.

München/Schondorf am Ammersee im Sommer 2023

Peter Cornelius Mayer-Tasch

Inhalt

Ordnung – holder Götterfunken...
Neun philosophische Miniaturen

	Prolog: In Ordnung	13
I.	Der Ordnung halber – die Begriffsgeschichte	17
II.	Chaos und Kosmos - die Ordnung der Welt	23
III.	Der Weg zur Ordnung im sozialen Miteinander	33
IV.	Der Kampf um die rechte Ordnung in Staat und Gesellschaft	39
V.	Lerne Ordnung, liebe sie... Zur Ordnung in Haus und Garten	47
VI.	Die Ordnung (in) der Familie	57
VII.	Mens sana in corpore sano	65
VIII.	Die Seelenordnung	69
IX.	Ordnung als Schicksal der Welt. Ein Epilog	75

Denken und Danken

Denken und Danken –
Garanten individueller und kollektiver Ordnung — 83

Lob der Freundlichkeit

Lob der Freundlichkeit oder:
Vom Zauber des Lächelns — 93

Ordnung – holder Götterfunken...
Neun philosophische Miniaturen

*„Schaffe Ordnung sowohl Monat für Monat
als auch unter den gewohnten Umständen, und
so verfahre Tag und Nacht"*

Leonardo da Vinci, Prophezeiungen, 46. Gebot

Prolog: In Ordnung

„In Ordnung" oder gar „In bester Ordnung"!
Wer würde sich nicht wünschen, möglichst viele Stationen und Situationen seines Lebens mit diesem Prädikat schmücken zu können – einem Prädikat, das vielleicht in seltenen Hoch-Zeiten noch von einem oder gar mehreren euphorischen Stern(chen) gekrönt werden mag, im Übrigen aber *den* Grad der Zufriedenheit zum Ausdruck bringt, den man mit der Erwartung an ein glückhaft gelingendes Leben zu verbinden pflegt. Sobald jedoch – sei es lediglich in einer konkreten Situation, sei es in einer bedeutsamen Lebenslage - etwas in „Unordnung" geraten ist, d.h. nicht mehr der gewohnten und als befriedigend oder doch zumindest als annehmbar erachteten Ordnung entspricht, sinkt der Wohlfühl-Pegel mehr oder minder rasch ab. Er weicht dann einem Gefühl des Unbehagens, der Unsicherheit und der Unzufriedenheit, das sich unter besonders ungünstigen Rahmenbedingungen bis hin zur Verzweiflung krisenhaft zuspitzen kann. Sofern die Lebenskraft der von solchen Befindlichkeiten Betroffenen nicht durch körperliche oder seelische Krankheitszustände drastisch geschwächt ist, werden sie sich als Antwort auf diese unbehagliche Situation über kurz oder lang bemühen, ihr durch Wiederherstellung entweder der alten, oder aber durch Schaffung einer

neuen, den eigenen Bedürfnissen und Überzeugungen angemesseneren Ordnung wieder zu entgehen. Und das Gleiche gilt natürlich auch für die Eventualität eines – solche Bemühungen hindernden – Krankheitszustandes, dem der Erkrankte in aller Regel ebenfalls schnellstmöglich zu entkommen bemüht sein wird.

Ein ähnlicher Bewusstseinszustand stellt sich im Übrigen auch fast bei jedem innovativen Akt ein. Wenn es in Hermann Hesses vielzitiertem Stufengedicht heißt: „Und jedem Anfang wohnt ein Zauber inne", so mag dies im Sinne eines romantischen oder abenteuerlichen Hauchs von Beschwingtheit insbesondere für selbstgewählte Anfänge gelten. Ganz unabhängig davon aber, ob man sich für einen solchen (Neu-) Beginn selbst entschieden hat oder ob er einem als Aufgabe angeboten oder gar aufgezwungen wurde – stets besteht dieser Zauber nicht zuletzt darin, dass man viele „Stücke in der Hand" hält und nun vor der Aufgabe steht, sie mit einem der Zielsetzung förderlichen „geist'gen Band" zu verknüpfen. Mit anderen Worten: Man wird vor die Aufgabe gestellt, zahlreiche Elemente zu einer zielführenden Wegordnung zusammenzufügen.

Das Gesagte gilt auch für den Autor dieses kleinen Versuches zum großen Menschheitsthema „Ordnung". Auch er muss und wird sich bemühen, die Vielzahl der ihn in diesem Assoziationsraum bestürmenden Erfahrungen, Beobachtungen und Vorstellungen in eine der thematischen Komplexität gerecht werdende Ordnung zu bringen.

Im Bemühen um eine gewisse Reduktion dieser Komplexität wird es bei diesen Überlegungen insbesondere darum gehen, die individuelle und kollektive Wahrnehmung der Dichotomie von Ordnung und Unordnung auf allen Seinsebenen des Lebens sowie unsere Reaktionen auf diese Dichotomie ins Blickfeld zu rücken. Erkennbar und erfahrbar ist diese teils faktische, teils potentielle Spannung für den Menschen sowohl in der ihn umgebenden und der in ihm wirkenden Natur als auch in allen persönlichen, sozialen und politischen Bezügen menschlichen Mit- und Gegeneinanders. Besonderes Augenmerk soll dabei auf den typischen Umgang mit dieser Spannung gerichtet werden. Und um solche Betrachtungen und Überlegungen nicht in einen gewissermaßen luftleeren Raum zu stellen, mag nach einem Blick auf die Begriffsgeschichte der universale Quellgrund aller menschlichen Reaktionen auf die Wahrnehmung der Dialektik von Ordnung und Unordnung zur Sprache kommen – die sogenannte „göttliche Ordnung" der Welt. In ihr nämlich dürfte sowohl das Alpha als auch das Omega dieser Thematik begründet sein.

I. Der Ordnung halber – die Begriffsgeschichte

Wenn nach dem Johannes-Evangelium am Anfang der Welt „das Wort" – d.h. der göttliche Schöpfungs- und Ordnungsbefehl – stand, so mag auch am Anfang dieser Überlegungen „der Ordnung halber" ein Blick auf die Wort- und Begriffsgeschichte geworfen werden.

Der Ursprung des in alle europäischen Sprachen eingegangenen Ordnungsbegriffes ist schnell gefunden. Im Mittelhochdeutschen finden wir ihn als „ordenunge", im Althochdeutschen als „ordinunga". Letztlich aber gehen diese Begriffe auf eine der indogermanischen Hauptquellen aller europäischen Sprachen zurück – auf das Lateinische. Wer auf den Schlachtfeldern über lange Zeiträume hin siegreich war und diese Siege auch in langwährende Herrschafts- und Einflussperioden ummünzen konnte, konnte stets auch die Sprachformen seiner Herrschafts- und Einflussräume prägen. Da hat sich über die Jahrhunderte (um nicht zu sagen: Jahrtausende) hin bis heute nichts geändert, wie wir fast täglich an der – nicht zuletzt dem Ausgang des 2. Weltkrieges geschuldeten – Anglisierung der europäischen Sprachen erfahren können. Angesichts der großen Ausdehnung und der nicht minder starken Prägungskraft des Römischen Reiches reichen daher auch viele Wurzeln der europäischen Sprachen auf das Lateinische zurück. So auch die des Ordnungsbegriffes, der auf dem lateinischen Substantiv *ordo* beruht, was so viel wie „Reihe, Ordnung, Rang, Stand" bedeutet. Das dazugehörige Zeitwort „ordinare" bedeutet im Lateinischen folgerichtig auch „in Reihen zusammenstellen, ordnen, anordnen".

Dass die Assoziationsbreite des Ordnungsbegriffes (z.B. Order, Anordnung, Ordonnanz, Ordination, Koordination, Ordinarius etc.) gerade auf das Lateinische und damit auf die römische Sozialkultur zurückverweist, ist insofern besonders stimmig, als die römische Affinität zum Phänomen der Ordnung historisch gut dokumentiert und mithin geradezu augenfällig ist. Der pragmatische Genius Roms brachte vor allem begnadete Architekten, Ingenieure, Heerführer und Juristen hervor. Wo es um Kunst, Poesie und Philosophie ging, griff man während der Blüte des römischen Reiches auf das reiche Erbe Griechenlands zurück. Reihung, Gliederung, Disziplin, Formation – all das eben, was mit dem Begriff der Ordnung in Verbindung gebracht werden kann, entsprach dem Wesen der römischen Kultur.

Nicht von Ungefähr stammt auch ein zweiter mit Ordnungsvorstellungen assoziierbarer Begriff aus dem Lateinischen – die „Klasse" im Sinne einer sozialen, aber auch geistigen Ordnungseinheit, die bezeichnenderweise nicht zuletzt im Blick auf die Struktur der römischen Land- und Seestreitkräfte (Heeresgruppen, Flottengeschwader) und schließlich für den gesamten kaiserlichen Hofstaat verwandt wurde. Nichts kennzeichnet das Wesen der römischen Kultur mithin besser als die Begriffe „ordo"

I. Der Ordnung halber – die Begriffsgeschichte

und „classis", die für jene Qualitäten standen, die Rom aus kleinen Anfängen zu einem machtvoll ausgreifenden Staatsgebilde werden ließen, das sich im Auf- und Abstieg mehr als tausend Jahre als selbstständiges politisches Gebilde behaupten konnte. In dem – die Charakteristika nicht zuletzt der römischen Tradition bündelnden – Begriff der „Klassik" und in Gestalt des – sich in viele Dimensionen des sozialen Lebens ausfächernden – Ordo-Gedankens hat sich die Strukturkraft ihrer Aura bis heute bewahrt.

Ordnung also ist zumindest sprachgeschichtlich ein römisches Erbe. Und dies, obwohl (oder vielleicht auch gerade weil) die Anfänge Roms – zumindest nach der von Titus Livius überlieferten Gründungssage – alles andere als „ordentlich" waren. Als Gründer Roms galten danach die vom Kriegsgott Mars mit der Vestalin Silvia Rhea gezeugten, von ihrem Onkel, dem unrechtmäßigen König von Alba Longa, Amulius ausgesetzten, dann aber zunächst von einer Wölfin und dann von einem Hirten am Leben erhaltenen Zwillingsbrüder Romulus und Remus. Da es aber auch hier – wie in der „Highlander"-Saga - offenbar „nur Einen" geben konnte, mündete diese Sage in einen Brudermord, und der siegreiche Romulus landete auf dem Gründerthron. Für die Geschichtsforschung freilich ist Rom eine Gründung der Etrusker, denen es gelang, die an der Tibermündung ansässigen Sabiner und Latiner im achten vorchristlichen Jahrhundert zu unterwerfen und 753 die Stadt Rom zu begründen. Folgt man dem abenteuerlichen Bericht Vergils in der Aeneis, so vermischten sich die an der Tibermündung und im Umkreis der sieben Hügel ansässigen Stämme schon vor ihrer Unterwerfung durch die Etrusker nach mancherlei Kampf- und Blutsbünden letztlich mit den unter Führung des trojanischen Prinzen Aeneas nach dem Fall Trojas geflohenen Trojanern.

Irrungen und Wirrungen zuhauf jedenfalls, die erheblichen Korrektur- und Kompensationsbedarf erkennen und es daher auch nicht verwunderlich erscheinen lassen, dass Ordnung zu einem Schlüsselbegriff der römischen Kultur werden konnte – eine Ordnung, die sowohl in der wohlberechneten Linearität von Straßen, Viadukten und Kolonnaden als auch in der disziplinierten Formation „martialisch" ausgreifender Heere und der scharfsinnigen Folgerichtigkeit und Geradlinigkeit ihrer Rechtsgrundsätze und ihrer Judikate zum Ausdruck kam.

Was für das individuelle Verhältnis zur Qualität der Ordnung gilt, gilt bis zu einem gewissen Grade auch für das kollektive. Wie ein Rundblick auf die Sozialkultur verschiedener Völker zeigt, war und ist auch die Affinität zum Phänomen der Ordnung, vor allem aber zu deren Gestaltungs- und Erscheinungsweisen sehr unterschiedlich entwickelt. Auch den das römische Territorium zwischen dem 3. und dem 5. Jahrhundert in immer stärkerem Maße bedrängenden und ab 476 n. Chr. endgültig das politische Erbe Roms antretenden germanischen Stämmen etwa wird gemeinhin eine vergleichsweise hohe Affinität zu Ordnung und daher auch eine vergleichsweise hohe Organisationskraft und Organisationskultur zugesprochen. Und für die sich in Mitteleuropa behauptenden Völkern scheint dies in besonderem Maße zu gelten. In Bewunderung wie in Ablehnung ist

I. Der Ordnung halber – die Begriffsgeschichte

die deutsche, insbesondere aber die „preußische" Disziplin mehr oder minder sprichwörtlich geworden. Ob sich dieses markante Denkmal der deutschen Sozialkultur im Gefolge der starken Migrations(zu)flüsse aus dem Osten, Südosten und Süden auf Dauer halten wird, mag dahingestellt bleiben, kann aber mit Fug und Recht bezweifelt werden. Gewisse Auflösungserscheinungen dieses sozialen „Markenzeichens" sind jedenfalls schon heute erkennbar. Vorherrschend freilich ist in dem Land, in dessen Sprache diese Überlieferungen festgehalten werden, noch immer eine vergleichsweise ausgeprägte Ordnungsliebe. Und wer als Gast oder für immer ins Land kommt, wird dies auch dann sehr rasch entdecken, wenn er keine Ahnung von der Herkunft des Begriffes der Ordnung hat. Und dies gilt selbst „fern der Heimat". Selbst auf der Pazifikinsel West-Samoa, die 1900-1915 unter deutscher Kolonialherrschaft stand, zeichnen sich die Nachfahren der damaligen Siedler und Kolonialbeamten noch heute dadurch aus, dass sie die Wege vor ihren Behausungen regelmäßig vor dem Wochenende kehren...Dies war einem Fernsehbericht zu entnehmen, dessen anekdotischer Charakter freilich unverkennbar ist.

II. Chaos und Kosmos - die Ordnung der Welt

„Ordnung, holder Götterfunken, Tochter aus Elysium..." So steht es *nicht* in Friedrich Schillers berühmter Ode an die Freude von 1785. Und dies umso weniger als es dem damals noch jugendlichen Dichter während seines geistig ungemein bewegten, aber verhältnismäßig kurzen Lebens stets eher um Freiheit als um Ordnung ging – ein Gegensatzpaar, von dessen Dialektik noch ausführlich die Rede sein wird. Darüber freilich, dass nicht nur die Freude, sondern auch die Ordnung als „holder Götterfunken" hätte besungen werden können, kann kein Zweifel bestehen. All Diejenigen jedenfalls, die unter den Implikationen und Konsequenzen „unordentlicher Verhältnisse" zu leiden haben oder doch zu leiden hatten, werden diese Erkenntnis wohl lebhaft bestätigen und dafür zahlreiche, von Fall zu Fall variierende Gründe nennen können. Jenseits solcher konkreter Begründungen werden sich aber nachdenkliche Zeitgenossen auch nach dem „tieferen Sinn" des Prinzips Ordnung fragen und bei der Suche nach einer tragfähigen Antwort bei den Erzählungen und Erkenntnissen über den Urgrund allen Lebens verweilen.

Nicht nur den Quellort menschlicher Freiheit und Freude, sondern auch Ursprung und Urbild eines jeglichen Ordnungskonzeptes und jeglicher Ordnungsbejahung wird man wohl nirgendwo anders suchen und finden können als in der Vorstellung eines göttlichen Schöpfungs- und Ordnungsaktes, wie sie nicht zuletzt in der Tradition der abrahamitischen Religionen im ersten Buch Mose ihren Ausdruck gefunden hat: „Am Anfang schuf Gott Himmel und Erde", heißt es da. Der Schöpfer beließ es aber nicht bei diesem ersten Schöpfungsakt, sondern sorgte auch für alle weiteren Ausgliederungen. Indem er „Lichter" an „die Feste des Himmels" (das sog. Firmament) setzte, schied er nach diesem alttestamentarischen Bericht „Tag und Nacht", setzte „Zeichen und Zeiten und gliederte sie in „Tage und Jahre". Da die Erde aus dieser Sicht zunächst noch „wüst und leer" war, schuf er Pflanzen und Tiere und schließlich den Menschen. Mit anderen Worten: Er gab seinem Schöpfungswerk eine universale Ordnung, leistete also nach dem Wortlaut dieses annähernd drei Jahrtausende alten Dokumentes das, was auch nach den Erkenntnissen der modernen Astrophysik bei und nach dem „Urknall" geschah, als sich die Urform von Energie und Materie „inflationär" in Raum und Zeit ausgliederte und alle uns bekannten Lebensbedingungen, Lebensordnungen und Lebensformen entstehen ließ. Wer und wie auch immer die dieses Wunderwerk auslösende und einer inneren Entwicklungsgesetzlichkeit unterwerfende „göttliche Größe" (gewesen) sein mag – erkennbar wird ihre Majestät für den Menschen wohl nur in der von ihr geschaf-

II. Chaos und Kosmos - die Ordnung der Welt

fenen universalen Ordnung. Sie ist es, die allen Entwicklungs- und Seinsgesetzlichkeiten ihre Struktur- und Funktionsmuster vorgibt.

Die Annahme, dass das dem Menschen in vielerlei Form an- und eingeborene Bedürfnis, sich in eine – wie auch immer verstandene – Ordnung einzufügen bzw. eine solche herzustellen, letztlich in seiner untrennbaren Verbundenheit mit dieser kosmischen Ordnung gründet, ist kaum von der Hand zu weisen. Verwirrend freilich mag die Wahrnehmung der Vielfalt unterschiedlicher Lebensordnungen erscheinen – und noch viel verwirrender die Mannigfaltigkeit unterschiedlicher Ordnungsvorstellungen, an denen sich der (zumindest in seinem Selbstverständnis weitgehend eigen-sinnige und selbstbestimmte) Mensch sowohl im Hinblick auf die großen Leitlinien als auch im Hinblick auf zahlreiche Einzelbereiche seines Lebens zu orientieren sucht. Dass diese Vielfalt wenn nicht in allen, so doch in vielen Bezügen im Lichte normativer Wertungen gesehen wird, ist ein global erfahrbares Phänomen. Die sich als Ausfluss der göttlichen Weltordnung verstehenden Wertordnungen mögen im Einzelnen variieren, zeigen aber in ihrem Kernbereich ein hohes Maß an Übereinstimmung.

Die vom mosaischen Dekalog, aber wohl auch von der „goldenen Regel" der Stoa inspirierte, in der vom Evangelisten Matthäus überlieferten „Bergpredigt" Jesu dargelegte christliche Individual- und Sozialethik versteht sich in der abendländischen Tradition im Blick auf ihre Verkünder als Ausfluss der göttlichen Weltordnung. Der von der christlichen Ethik auf den Weg zu Gott (d.h. auf die Eingliederung in diese Ordnung) verwiesene *Homo*

Viator der augustinisch geprägten mittelalterlichen Vorstellungswelt kann allerdings kraft seiner (sich nach christlicher Lehre aus der „Erbsünde" Adams und Evas ergebenden) sündigen Natur in einem Zustand geistigseelischer Verwirrung vom rechten Weg abweichen, indem er die individual- und sozialethischen Empfehlungen missachtet. Verführt wird er dabei immer wieder von einem einst in vermessener Überheblichkeit vom rechten Weg abgewichenen, und nun unablässig aus der göttlichen Ordnung gefallenen, um Anwerbung von Schicksalsgenossen bemühten Akteur, den aus antiken Quellen gespeiste frühchristliche und dann vor allem auch die mittelalterliche Religionspoesie in den düstersten und in den grellsten Farben als Herrn der Finsternis und als Höllenfürst ausgemalt hat. Ihm, dem nunmehr nichts verhasster ist als die Ordnung, aus der er verstoßen wurde, weil er sich ihr nicht ein- und unterordnen wollte, muss es nun darum gehen, die noch auf dem rechten Weg Befindlichen von diesem abzulenken und in die Irre zu führen. Dieses „heiße" Bemühen hat dem in der christlichen Tradition zum Höllenfürsten Gewordenen auch seinen Namen eingetragen. Der im Deutschen sprachlich zum „Teufel" verballhornte „Diabolos" ist der große „Verwirrer" (gr. dia-ballein = durcheinanderwerfen). Wer ihm verfällt, fällt in seiner Verwirrung und Verirrung aus der – sei es geoffenbarten, sei es verhüllten – göttlichen Ordnung. Sein oder ihr Leben ist schon im Diesseits nicht mehr „in Ordnung". Und dies ganz unabhängig davon, wie sich die religiösen Vorstellungen über die Möglichkeit einer (schon) diesseitigen oder (erst) jenseitigen Wiedereingliederung in diese Ordnung

II. Chaos und Kosmos - die Ordnung der Welt

darstellen mögen. Sich vom großen Verwirrer fernzuhalten, wird daher auch zum wichtigsten Anliegen eines Jeden sich zu der christlichen (wie auch der islamischen) Individual- und Sozialethik Bekennenden. „Reiß mich an den Rand, aber wirre mich nicht!" heißt es in Stefan Georges Poem „Geheimes Deutschland". Wo es dem Verwirrer trotz solcher Bannsprüche dennoch gelingt, dem potentiell verwirrbaren und verführbaren Menschen ungebührlich nahe zu kommen, wird dieser nach der christlichen Tradition ermutigt, seinen Weg unbeirrbar fortzusetzen und den Möchte-gern-Verwirrer möglichst in das ihm seit altersher zugemessene Höllenfeuer zurückzustoßen. Die Vorstellung eines als Sühne- und/oder Läuterungsinstanz zur Ordnung der Welt gehörenden Höllenfeuers teilt die (seit Beginn der Aufklärung mehr und mehr verblassende) christliche Überlieferung mit einer ganzen Reihe anderer Religionen.

Offenbleiben muss, weshalb dieser – der Bewahrung bzw. Wiederherstellung der göttlichen Weltordnung dienende - Schreckensort im Zeichen des Feuers gesehen wurde. Möglicherweise entstammt diese Vorstellung dem Assoziationsraum des aus dem Erdinneren aufbrechenden Vulkanismus, der noch heute wenig von seinem Schrecken verloren hat, wie die Erfahrungen mit dem Vulkanausbruch auf der Kanareninsel La Palma im Jahre 2021 und dem noch heftigeren vor den pazifischen Tonga-Inseln im darauffolgenden Jahr wieder einmal verdeutlicht haben. Vielleicht könnte man sie aber auch als eine genetisch bedingte, instinktive Rückahnung auf jenen, nach heutigen wissenschaftlichen Erkenntnissen dem „Urknall" vorangehenden, chaotischen Zustand extremer energetischer Verdichtung und Erhitzung vermuten, den der – wie auch immer zu verstehende – „göttliche" Schöpfungsbefehl in die Ordnung von Raum und Zeit entließ. So etwas wie eine „Erinnerung" an dieses Urfeuer sollte im menschlichen Bewusstsein immer wieder aufleben und mancherlei kulturelle Blüten treiben, bis sie schließlich von der modernen Astrophysik bestätigt werden konnte. Noch und schon der Vorsokratiker Heraklit von Ephesus (550 v. Chr. – 480 v. Chr.) sah „diese Welt" als „ein ewig lebendiges Feuer, nach Maßen sich entzündend und nach Maßen erlöschend" (58, fr. 30), womit er möglicherweise nicht nur den Anfang der Welt ansprach, sondern auch ihr Ende im entropischen „Wärmetod" vorwegnahm.

Dass der möglicherweise ebenfalls solchen physikalischen Assoziationsräumen entsprungene „teuflische" Hüter des Höllenfeuers in verschiedenen Religionskulturen mal als Gegenspieler, mal als Gehilfe Gottes in Erscheinung tritt, ist kaum verwunderlich. Während Letzteres vor allem für die jüdische Theologie gilt, nach der Satan im Sinne des alttestamentarischen Buches Hiob als Engel mit göttlichem Spezialauftrag tätig wird, entwickelte sich Ersteres unter dem Einfluss des altpersichen Dualismus von Ahura Mazda, der Macht des Guten, und Ahriman, der Macht des Bösen, spätestens seit der Zeit des unter dem Einfluss des neo-zarathustrischen Manichäismus sozialisierten Kirchenvaters Augustinus (354-430 n. Chr.). In seinem Bemühen, möglichst viele Sterbliche zu verwirren und so aus dem Gleichgewicht zu bringen, kann der große „Durcheinanderwerfer" also (aus alttestamentarisch-jüdischer Sicht) die auserkorenen

II. Chaos und Kosmos - die Ordnung der Welt

Opfer – wie im Buch Hiob geschildert – mit göttlicher Ermächtigung oder gar in göttlichem Auftrag bedrängen. Und aus neutestamentarisch-christlicher Sicht können der Teufel und seine dämonischen Unterteufel sich gar im Inneren ihrer Opfer einnisten. Dass sie dann zur Entwirrung von Leib und Seele und damit zur Wiederherstellung der rechten Ordnung „ausgetrieben" werden müssen, lernen wir schon aus den Berichten über die von Jesus von Nazareth zur Heilung „Besessener" vorgenommenen Austreibung böser Geister – einer Praxis, deren Nachvollzug im christlichen Milieu in Gestalt des sog. Exorzismus über die Jahrhunderte hin immer wieder versucht wurde und vereinzelt auch heute noch in den überlieferten Formen unter Einsatz spezifischer Beschwörungsgebete durchgeführt wird. Wo sich die Aufklärung – sei es endgültig, sei es vorläufig – durchgesetzt hat(te), veränderte(e) sich zwar nicht das Anliegen, wohl aber die Semantik. Dort gab und gibt es keine „Besessenen" mehr, wohl aber „Kranke". Und mit deren „Behandlung" verdienen weltweit (soweit nicht noch Schamanen, Medizinmänner oder sonstige esoterische „Heiler" am Werk sind) ganze Heerscharen von akademischen Psychologen, Psychiatern und Psychotherapeuten ihr Brot.

Nicht zuletzt dieses Phänomen lässt darauf schließen, dass es heute wie eh und je mit der Unversehrtheit der göttlichen Ordnung nicht allzu weit her ist, falls man seelische, geistige und körperliche Gesundheit als Teil der göttlichen Ordnung betrachten will. Dies freilich muss auch theologisch offenbleiben, da nicht auszuschließen ist, dass der oder die Verwirrer – ganz im Sinne des Buches Hiob – ihr fragwürdiges Werk „im göttlichen Auftrag" verrichten und diese Verrichtung in einer *Per-Aspera-ad-Astra-Folge* (lat. ‚Durch das Bittere hindurch zu den Sternen) letztlich als Therapie einer Wiederherstellung der vorübergehend gestörten Ordnung dient, mithin also dialektisch zu sehen ist. So betrachtet mag auch die Störung der äußeren Ordnung als Auslöser einer Selbstheilungsdynamik und damit als ein Element der allen Kräften und Erscheinungen des Lebens immanenten universalen Ordnung gelten – jener Ordnung, auf die wohl auch das den meisten Menschen bekannte Gefühl des Wohlbehagens zurückzuführen ist, wenn sie ihre – wie auch immer beschaffenen – Vorstellungen einer wünschbaren Ordnung verwirklicht sehen – und des Unbehagens, wenn dies nicht der Fall ist.

Wem der Sinn danach steht, das „Prinzip Ordnung" wie auch das menschliche Bedürfnis nach einer (wie auch immer beschaffenen) Ordnung mit der Idee einer diese verkörpernden, fraglos „guten" Himmelsmacht in Verbindung zu bringen, und das Abgleiten in einen Zustand der (wie auch immer beschaffenen) Unordnung mit einer gleichfalls transzendenten Macht des „Bösen", wird sich dann wohl auch fragen, ob er das Ringen dieser beiden Mächte um Vorherrschaft als ein unendliches oder aber vielmehr als ein endliches werten will. Das Christentum jedenfalls hat sich nicht nur mit seiner Vorstellung von Gott als der „Übereinstimmung aller Gegensätze", der *coincidentia oppositorum* (Niklas von Kues) sondern auch mit seiner Lehre vom Ende der – zumindest menschlichen – Geschichte am „Jüngsten Tag" für ein (bedingtes)

II. Chaos und Kosmos - die Ordnung der Welt

„Happy End" entschieden. Dabei kann offenbleiben, ob es sich dabei von der zarathustrischen Lehre vom finalen Weltenbrand oder von der Heraklit'schen Vorstellung vom wiederholten Entstehen und Vergehen der Erde im Feuer inspirieren ließ oder ob es sich bei dieser bis zur Aufklärungszeit „glühend" vertretenen, heute mehr und mehr verblassenden Vorstellung sogar auch hier um eine visionäre Vorwegnahme moderner physikalischer Prognosen von Entropie und Wärmetod handelt.

III. Der Weg zur Ordnung im sozialen Miteinander

Zwei Medien sind es vor allem, mit deren Hilfe der Mensch den Kontakt zu seiner menschlichen (und ansatzweise auch zu seiner außermenschlichen) Um- und Mitwelt im mutmaßlichen Sinne der ihm vorgegebenen und auch in ihm wirkenden kosmischen Ordnung zu gestalten versucht – mit Hilfe des Rechts und mit Hilfe der Ethik. Darüber, in welchem Verhältnis diese Sozialisationsmedien in der nicht dokumentierten Ur- und Frühzeit der Menschheit zueinander standen, können wir nur spekulieren. Aufgrund mehr oder minder aussagekräftiger archäologischer Erkenntnisse scheint jedoch festzustehen, dass während dieser Menschheitsperiode auf eine Phase, in der die Menschen in Horden zusammenlebten und sich als Jäger und Sammler zu ernähren suchten, ab dem 10.- 6. vorchristlichen Jahrtausend eine Phase folgte, in der sie nach und nach ihre para-nomadische Lebensweise aufgaben und ihr Leben in ständigen Siedlungen als Fischer oder Ackerbauern zu fristen suchten, sofern die klimatischen und geologischen Gegebenheiten dies erlaubten. Ob in der Ur- und Frühzeit nur das Faustrecht des oder der Stärksten eine – zwangsläufig ephemere – Ordnung schufen oder ob von allem Anfang an die sich aus der faktischen und emotionalen Wechseldynamik des Zusammenlebens ergebenden Tunlichkeiten bereits differenzierte Ordnungsmuster entstehen ließen, liegt noch weithin im Dunkel der Geschichte. Dass sich jedoch nach und nach immer komplexere Ordnungsformen entwickeln konnten, lässt sich bereits den frühesten Überlieferungen der Menschheit entnehmen. So etwa dem um oder nach 2000 v. Chr. entstandenen akkadisch-frühbabylonischen Gilgamesch-Epos, das sich bei seiner Entstehung auf mehr als ein halbes Millennium zurückliegende Ereignisse bezog, die zwischen 1200 v. Chr. und 600 v. Chr. entstandenen altindischen Veden oder auch das vom Christentum „adoptierte" hebräische Alte Testament, dessen 1. Buch (wie schon erwähnt) auf ca. 800 v. Chr. datiert wird. All' diesen Texten lässt sich jedenfalls entnehmen, dass bei der jeweiligen Schaffung und Aufrechterhaltung der Ordnung des menschlichen Zusammenlebens in Stammes- oder Siedlungsgemeinschaften wie auch in den sich allmählich bildenden Stadtkönigtümern und Großkönigreichen stets zwei konstitutive Größen eine entscheidende Rolle spielten – das Element physischer bzw. kriegerischer Stärke zum einen und das Element geistiger Autorität zum anderen. Als langfristig erfolgsversprechend erwies sich auch schon nach all diesen frühen Zeugnissen das ordnungsbegründende und ordnungsgestaltende Zusammenspiel dieser Größen zumal dann, wenn die derart geschaffene Ordnung durch den (wie auch immer erzeugten) Anschein ihrer Übereinstimmung mit dem Willen der in den betreffenden Gesellschaften anerkannten Himmelsmächte zusätzlich legitimiert werden konnte.

III. Der Weg zur Ordnung im sozialen Miteinander

Den einfachsten Weg zur Erreichung dieses Zieles gingen jene machtvollen Ordnungsstifter, die ihre Abkunft oder gar Identität mit Gottheiten postulierten. So etwa die peruanischen Inka-Herrscher oder auch ägyptische Pharaonen wie Amenophis IV., der sich als Sohn des Sonnengottes Aton deklarierte und *Echnaton* („Es freut sich Aton") nannte.

Ein nurmehr matter Abglanz dieser Legitimationspraxis für die großen Ordner ihres weltlichen Machtbereiches findet sich dann bei den hellenistischen Herrschern seit der makedonische Welteroberer Alexander sich von ägyptischen Priestern von seiner Göttlichkeit überzeugen ließ, die er dann an die - sein Reich unter sich aufteilenden - Nachfolger, die sog. Diadochen, „vererbte". Eine Legitimationspraxis dies, die dann schließlich paradoxerweise auch der – nach der siegreichen Beendigung der römischen Bürgerkriege – formal die republikanische Staatsform wiederherstellende – „Princeps" Augustus für sich und seine Nachfolger auf dem Kaiserthron übernahm. Obwohl diese Praxis offiziell erst durch Konstantin beendet wurde, der bis zu seiner politisch motivierten Duldung des Christentums nach dem Sieg über seinen Konkurrenten Maxentius im Jahre 312 n. Chr. als Inkarnation des Sonnengottes Helios alias Mithras verehrt wurde, war sie auch schon lange zuvor nicht mehr wirklich ernst genommen, aber zeitweise doch noch zu politischen Zwecken (Bekenntnis und Opferzwang an kaiserlichen Standbildern zur Loyalitätssicherung insbesondere des Offizierscorps) befolgt wurden.

Einen ähnlich motivierten, aber für zahlreiche Stammesgenossen glaubwürdigeren Weg beschritt laut Altem

Testament der sein Volk aus dem „ägyptischen Joch" führende charismatische ägyptische Adoptivprinz und jüdische Prophet Moses. Indem er sich die für das Überleben seines Volkes auf dem beschwerlichen Weg in eine neue Existenzform dringend erforderlichen Ordnungsgrundsätze vom Gott des Berges Sinai „diktieren" ließ, schuf er im Dekalog die – zwar zweifellos aus uralten Menschheitserfahrungen und Menschheitserkenntnissen schöpfenden, aber in dieser Geschlossenheit erstmals dokumentierte – Grundlage für eine weit über die Sozialverfassung seines Volkes hinausweisende Ethik. Da die mosaischen Gebote in der von dem Evangelisten Matthäus überlieferten „Bergpredigt" und der vom Evangelisten Lukas überlieferten „Feldpredigt" Jesu – wenn auch in anderen Formulierungen wiederholt und bekräftigt wurden, und da Jesus von Nazareth seit dem Konzil von Nicäa (325 n. Chr.) offiziell als „eingeborener Sohn" Gottes und damit als Gottvater „wesensgleich" anerkannt wurde, greift das Christentum wieder auf die vormosaische altägyptische Legitimationspraxis zurück, während bei der Begründung der dritten abrahamitischen Religion, des Islam, dem Erzengel Gabriel als göttlichem Sendboten die Schlüsselrolle zukommt. Seinen Verkündungen nämlich an den charismatischen arabischen Propheten Mohammed (570-632 n. Chr.) verdankt der Koran als Grunddokument der islamischen Sozial- (und in einigen Ländern in Form der Scharia sogar Rechts-) Ethik seine Inspiration. So jedenfalls die islamische Überlieferung. Einen ähnlichen Legitimationsweg beschritt auch der Gründer der Religionsgemeinschaft

III. Der Weg zur Ordnung im sozialen Miteinander

der Mormonen, Joseph Smith (1805-1844), den ein Himmelsbote goldene Tafeln mit einer nur für ihn lesbaren Geheimschrift auffinden ließ, worauf der Himmelsbote mit diesen Tafeln dann wieder entschwand. Dass der Inhalt dieser Himmelsbotschaft zur Grundverfassung der „mormonischen" Lebensordnung wurde und noch heute eine weit mehr als zwei Millionen zählende, vor allem im amerikanischen Bundesstaat Utah lebende Gemeinde zusammenhält, belegt die soziale Erfolgsträchtigkeit solcher Legitimationspraktiken über die Jahrtausende und Jahrhunderte hin.

Aus dem Blickwinkel der Sozial- und Politikphilosophie wird der Weg zur Ordnung des menschlichen Zusammenlebens vor allem in zwei sehr unterschiedlichen idealtypischen Versionen präsentiert – der organizistisch-aristotelischen zum einen und der mechanistisch-hobbesianischen zum anderen. Nach der im 1. Buch der aristotelischen ‚Politik' vorgetragenen Version verbinden sich zunächst Weibliches und Männliches „der Fortpflanzung wegen", und sodann Herr und Knecht „der Erhaltung wegen". Die so entstandenen Hausgemeinschaften verbinden sich dann „um der über den Tag hinausreichenden Bedürfnisse willen" zu Dorfgemeinschaften, diese aber „um des vollkommenen Lebens willen" zu Stadtgemeinschaften, „die gleichsam das Ziel vollendeter Selbstgenügsamkeit" erreicht haben,. Als ein Resultat dieser Sichtweise erkennt Aristoteles den Staat als ein „von Natur bestehendes" Gebilde und den Menschen als ein „von Natur…staatliches Wesen" (gr. *zoon politikon*). Recht besehen, gelangt auch der Engländer Thomas Hobbes (1588-1679) in seinem „Leviathan" von 1651 zu einem ähnlichen Ergebnis. Dies allerdings auf einem sehr unterschiedlichen Weg. Nach seinem logischen Mythos befinden sich die Menschen wesenhaft nicht im Zustand eines mehr oder minder harmonischen Miteinanders, sondern in einem ständigen Krieg Aller gegen Alle – einem *bellum omnium contra omnes*, in dem der Mensch dem Menschen ein Wolf ist. Um diesem Zustand, in dem das Leben sich als „nasty, brutish and short" erweist, zu entgehen, schließen sie einen staatsbegründenden Vertrag Aller mit Allen, in dem sie sich einer friedensstiftenden Autorität und der von dieser verhängten Ordnung (fast) bedingungslos unterwerfen. Auch die Hobbes'schen Menschenwölfe sind also letztlich ebenfalls auf den Staat hin angelegt, wenn sie bei der Verfolgung dieses Anliegens auch *nolens volens* andere Wege beschreiten.

Während die aristotelische Genesis der Staatlichkeit deren Ordnungsform zunächst noch offenlässt, wird sie bei Hobbes schon durch die Entstehungsform des Staates auf eine autoritäre wenn nicht Monarchie so doch Monokratie festgelegt. Da die Hobbes'sche Anthropologie aber von einem menschlichen „Hunger nach Macht und abermals Macht, der erst im Tode endet" ausgeht, ist damit noch nicht das letzte Wort gesprochen, sondern der Kampf um die „rechte Ordnung" vorprogrammiert, wie die Entwicklung der europäischen Verfassungsgeschichte überdeutlich zeigen sollte.

IV. Der Kampf um die rechte Ordnung in Staat und Gesellschaft

Dass die Beendigung eines „heillosen Durcheinanders" nur gelingen kann, wenn eine starke Hand Befriedungs- und Ordnungsaufgaben übernimmt, hat der aus den Erfahrungen des – nicht nur, aber *auch* konfessionell befeuerten – Bürgerkrieges heraus schreibende Engländer zweifellos richtig gesehen. Und richtig gesehen hat er auch, dass dies am Ehesten gelingen kann, wenn die ordnende Instanz – bei Hobbes der Staat als „sterblicher Gott" – von der Zustimmung derer getragen wird, deren gesellschaftliches Mit-, Durch- und Gegeneinander in „sozialverträgliche" Bahnen gelenkt werden soll. Immanuel Kant hätte gesagt „nach einem allgemeinen Gesetz der Freiheit" gelenkt werden soll. Der nach eigenem Zeugnis als „Zwilling der Furcht" geborene Thomas Hobbes aber hatte noch nicht den Mut und die Zuversicht, die ihm einen solchen Satz erlaubt hätten. Viel zu groß war seine Besorgnis, dass die Individuen bei Gewährung zu großer Freiheiten wieder in das - von ihm als Damoklesschwert über jeder Gesellschaftsordnung schwebend gesehene - Chaos des Krieges Aller gegen Alle zurückfallen würden. Um diesen Rückfall zu vermeiden statuiert er die Maxime „authoritas, non veritas facit legem". Die Autorität der ordnenden Gewalt des staatlichen „Leviathan" schafft das Gesetz, nicht aber die (angebliche) Wahrheit dieser oder jener Untertanen. Ihnen soll daher auch nur bei äußerster Gefährdung ihres eigenen Lebens zur Selbstverteidigung eine Art von Widerstand erlaubt sein, da der Staat nun mal in allererster Linie um der Erhaltung des innerstaatlichen Friedens willen begründet wurde. Die Folgerichtigkeit dieses quietistischen Ordnungsmodells erscheint auf den ersten Blick sehr plausibel, beruht aber letztlich doch auf einem Trugschluss. Gerade die von Hobbes selbst mit bestechender Stringenz entwickelte Anthropologie legt die Annahme nahe, dass die fürs Erste *be-* und *ge*zähmten Wölfe sich nach und nach immer größere Freiräume erobern werden, sobald ihnen dies möglich erscheint. Und genau diese Erfahrung hätte der Verfasser des „Leviathan" am Beispiel seines eigenen Landes machen können, wenn ihm ein noch längeres als sein - ohnedies mit einundneunzig Jahren für seine Zeit schon ungewöhnlich langes - Leben vergönnt gewesen wäre. Schon in seinem Todesjahr (1679) wurden der autoritär regierenden Stuart-Monarchie vom Parlament die *Habeas Corpus*-Akte abgetrotzt, und 1688 folgte als Resultat der „Glorious Revolution" die *Petition of Rights*, die eine Reihe von bürgerschaftlichen Grundrechten erfolgreich einzufordern vermochte. Diese Entwicklung sollte sich dann auch weiterhin scheinbar unaufhaltsam fortsetzen. Nicht nur im insoweit vielbewunderten England, sondern auch in anderen europäischen Ländern sollten sich die Emanzipationsbestrebungen der bisherigen Untertanen nach und

IV. Die rechte Ordnung in Staat und Gesellschaft

nach, spätestens aber in und nach Beschleunigungsphasen wie denen der Französischen und der Amerikanischen Revolution immer mehr Freiheits-, Mitwirkungs- und (im Laufe des 19. und 20. Jahrhunderts) auch soziale Teilhaberechte erkämpfen. Die menschlichen Wölfe des Thomas Hobbes zeigten nicht nur im vorstaatlichen Chaos, sondern auch innerhalb des staatlich-geordneten Kosmos nach und nach immer mehr Zähne und ließen sich nicht daran hindern, das eine oder andere sie Behindernde wegzubeißen. Das Ergebnis dieser Entwicklung war die nach zahlreichen Rückschlägen im Umkreis der beiden Weltkriege in Europa und manchen anderen euroamerikanisch geprägten Staaten (wenn auch in verschiedenen Variationen, aber doch zumindest tendenziell) errungene liberale und soziale Demokratie bzw. – wie es in der deutschen Verfassung heißt – der „Rechts-, Volks- und Sozialstaat", dessen Kernelemente sich heute auch in mehreren internationalen Rechtsstatuten finden.

Wer der Ordnung dieses Staates in hervorragender Weise dient, kann unter günstigen – oft freilich auch vom Zufall oder besonderen politischen Gegebenheiten geförderten – Umständen auf eine staatliche Auszeichnung hoffen. Dass eine solche staatliche Anerkennung seines Beitrages zur Aufrechterhaltung oder Verbesserung der staatlichen Ordnung zumeist als „Orden" bezeichnet wird, kommt daher auch nicht von Ungefähr. Und dass die Leistungen, für die ein „Orden" verliehen wird, je nach Art des Beitrags und je nach Ausrichtung und Bestimmung der rechtlich-politischen Grundwerte des jeweiligen Staates sehr unterschiedlich sein kann, lehrt die Erfahrung. Dass russische Kämpfer im Ukraine-Krieg von ihrem Staat für Taten Orden erhielten, die sie – im Falle ihrer Dingfest-Machung von westlichen Sicherheitskräften – vor den Strafgerichtshof für Menschenrechte bringen würden, ist ein besonders markantes Beispiel für dieses Syndrom. „Neben dem Thron der Könige", schrieb der Vorsokratiker Anaxagoras (um 500 v. Chr.), „sitzt Themis und stempelt ihre Willkür zu Recht."

Dass sich der abendländische Kampf um die rechte Ordnung als eine Erfolgsgeschichte lesen und lehren lässt, auf die viele außereuropäische Völker mit Bewunderung und Begehrlichkeit blicken und Europa wie auch das in Vielem europäisch geprägte Nordamerika zum Magneten für Migrations- und Flüchtlingsströme werden ließ, ist unabweisbar. Unabweisbar ist freilich auch, dass diese Erfolgsgeschichte Europas und Nordamerikas nicht „das Ende der Geschichte" bedeuten kann, um Fukuyamas fehldatiertes Schlagwort zu bemühen. Wer sich zu Beginn des 21. Jahrhunderts in Europa umschaut, wird schnell entdecken, dass angeblich ein-für-alle-Mal Gesichertes sehr rasch brüchig werden kann, wie u.a. der gezielte Abbau rechtsstaatlicher Errungenschaften in den EU-Ländern Polen und Ungarn zeigt. Und wer seinen Blick noch weiter nach Osten schweifen lässt kann spätestens nach dem Putin'schen Angriff auf die Ukraine kaum mehr übersehen, was im Griff eines machtbesessenen Potentaten aus den Gorbatschow'schen Reformen geworden ist. Auch wer einen Blick auf die U.S.A. zur Zeit der Präsidentschaft von Donald Trump (2016-2020) wirft, wird erkennen, wie rasch selbst eine konstitutionelle Präsidialdemokratie unter dem Einfluss eines narzisstischen Amtsinhabers autoritäre Züge annehmen

IV. Die rechte Ordnung in Staat und Gesellschaft

kann. Mit anderen Worten: Die nach dem Triumph der Siegermächte über den totalitären Kommunismus 1989 auf dem Höhepunkt ihrer Entwicklung zu sein scheinende atlantische Staats- und Weltordnung bedeutete keineswegs „das Ende der Geschichte", wie der Harvard-Professor Fukuyama irrtümlicherweise annahm, sondern viel eher das Ende aller Sicherheit. Und dies war im Kampf um die rechte Ordnung des menschlichen Zusammenlebens in Staat und Gesellschaft schon immer so.

Wenn Aristoteles im ersten Buch seiner ‚Politik' die Polis als „die vollkommene Gesellschaft" apostrophiert, so lässt er zunächst offen, welcher Form der Ordnung dieser Gesellschaft er den Vorzug gibt. Später macht er dann deutlich, dass jeder der drei erfahrbaren Grundformen – der Herrschaft eines Einzelnen, der Herrschaft Weniger und der Herrschaft der Vielen eine Ideal- und eine Verfallsform entspricht: der Monarchie als Idealform die Tyrannis als Verfallsform, der Aristokratie als Idealform die Oligarchie als Verfallsform und der Politie als Idealform die Demokratie als Verfallsform (wobei anzumerken ist, dass Aristoteles Wahl die heutigen Demokratievorstellungen eher der Politie zuordnen würde). Obwohl sich aus den aristotelischen Schriften eine gewisse Affinität zur Herrschaft der Besten, d.h. also zur Aristokratie, herauslesen lässt, ist unverkennbar, dass es für Aristoteles weniger um das „Was" als um das „Wie" geht. Gemäß seiner Überzeugung, dass stets „das Mittlere" das Beste sei, lässt sich aus seinen Ratschlägen für die Gestaltung einer Gemeinwohlordnung sehr wohl das herauslesen, was für den europäischen Verfassungstyp heute charakteristisch ist – die Mischung monarchischer, aristokratischer und demokratischer Verfassungselemente. Entspricht nach dem deutschen Grundgesetz das Amt des Bundespräsidenten wie auch die Richtlinienkompetenz des Bundeskanzlers dem monarchischen Prinzip, so die Entscheidungskompetenzen von Bundestag, Bundesrat und den Landtagen dem aristokratischen und das Wahlrecht der Bürger dem demokratischen Element.

Was die aristotelische Staats- und Sozialphilosophie jedoch – abgesehen von ihren mit den Hobbes'schen Vorstellungen unvereinbaren Ordnungspräferenzen – vor allem charakterisiert, ist die Lehre vom ewigen Kreislauf der Verfassungen. Wie schon vor ihm sein Lehrer Platon (427-347 v. Chr.) und nach ihm der als Geisel nach Rom gelangte Stratege Polybios (ca. 200-120 v. Chr.) und schließlich der römische Staatsmann Marcus Tullius Cicero (106-43 v. Chr.) geht schon Aristoteles vom potentiell ephemeren Charakter jeder Verfassungsordnung aus. Platon glaubte, diesen tendenziell „flüchtigen" Charakter jeder Staatsverfassung durch eine Stabilität garantierende Idealverfassung überwinden zu können. Sein in der ‚Politeia' vorgestelltes Staatsmodell der Philosophenherrschaft freilich ist zwar bis heute jedem Studierenden der Philosophie, der Sozial-, Politik- und Rechtswissenschaften vertraut, wurde aber noch nie in der von Platon vorgestellten Stringenz verwirklicht. Selbst dort, wo tatsächlich ein Philosoph die Krone trug (wie dies bei dem römischen Kaiser Marc Aurel der Fall war) musste sich dieser den konkreten Zwängen der Politik beugen – im

IV. Die rechte Ordnung in Staat und Gesellschaft

konkreten Fall Verteidigungsfeldzüge gegen die Markomannen und die Parther führen. Auch mit der Stabilität dieser – im Übrigen durchaus gemeinwohlorientierten – Philosophenherrschaft war es nicht weit her. Schon unter seinem Nachfolger, dem „Gladiator" Commodus, entartete Marc Aurels durchaus gemeinwohlorientiertes Regiment wieder zur Tyrannis.

Auf der Grundlage umfangreicher empirischer Erhebungen wurden von Aristoteles und seinen Schülern die Bedingungen, unter denen sich der Wechsel der Staats- und Verfassungsordnungen, ihr Aufstieg und ihr Niedergang, üblicherweise ereignet, scharfsinnig dargelegt. Die Erfahrungen und die Betrachtungen dieses Großmeisters der Politik haben bis heute nichts oder doch wenig von ihrer zeitlosen Aktualität eingebüßt. Wer sich in der Staatenwelt gründlich umschaut, wird dies allenthalben bestätigt finden. Dass sich seit dem Ende des Zweiten Weltkrieges wenigstens in der europäischen Staatengesellschaft ein vergleichsweise hohes Maß an Staatsordnungskontinuität bewahren ließ, dürfte nicht zuletzt darauf zurückzuführen sein, dass es ihren Mitgliedern durchweg gelang, sich stabilitätsfördernde Mischverfassungen zu geben und darüber hinaus den sozioökonomischen Schulterschluss mit den Nachbarstaaten zu finden. Dass jedoch auch diese – endlich den über Jahrhunderte hin nie gelungenen äußeren Frieden gewährende – Europäische Union gewissen zentrifugalen Tendenzen ausgesetzt ist und daher stets aufs Neue um ihren Zusammenhalt und um die Durchsetzung und Bewahrung ihrer vereinbarten Grundwerte kämpfen muss, ist eine in dieser Hinsicht schmerzliche, aber uraltem Wahrscheinlichkeitswissen entsprechende Erfahrung. Die schon von dem Vorsokratiker Heraklit von Ephesus thematisierte Erkenntnis, dass „alles fließt" gilt für das Entstehen, Bestehen und Vergehen von Staats- und Gesellschaftsordnungen ebenso wie für alle anderen Lebensbereiche.

V. Lerne Ordnung, liebe sie…
Zur Ordnung in Haus und Garten

Wie die Erfahrung lehrt, gibt es für den Menschen zahllose Möglichkeiten, seinen Lebensraum unter dem in unseren Breiten überlebensnotwendigen „Dach über dem Kopf" zu gestalten und so eine eigene häusliche Ordnung zu schaffen, so weitläufig oder beengt dieser äußere Rahmen auch sein mag. Ganz unabhängig davon also, ob dieses Dach ein Schloss bekrönt, eine großbürgerliche Villa schmückt, einen Bauernhof, ein Siedlungshäuschen oder einen städtischen Wohnblock deckt – stets oder doch in aller Regel werden die unter seinem „Schutz und Schirm" Lebenden versuchen, eine mehr oder minder differenzierte oder auch minimalisierte Ordnung herzustellen. Zumeist gilt dies sogar für unter einer Brücke oder sonstigen öffentlichen Unterständen vor den Unbilden der Witterung Schutz suchende Obdachlose, die – wie man zuweilen hört oder erfahren kann – mit besonderer Intensität auf eine Art von „Tonnenordnung" achten, um an den Kyniker Diogenes zu erinnern. Selbst jeder Pedanterie abholde, von ihren Mitmenschen mehr oder minder nachsichtig als Chaoten eingestufte Zeitgenossinnen und Zeitgenossen pflegen sich zumeist einen – für Außenstehende nicht nachvollziehbaren Windungen und Wendungen folgenden – Durchblick zu sichern und so *nolens volens* doch noch dem Prinzip Ordnung zu huldigen. Mit einer Mischung von Entzücken und Entsetzen hat der Autor dieser Zeilen so manches Mal die fast schlafwandlerisch anmutende Sicherheit bewundert, mit der seine langjährige Sekretärin das jeweils gesuchte Schriftstück aus einem für ihn undurchschaubaren Tohuwabohu auf ihrem Schreibtisch zu fischen verstand…

Eine vorgegebene Ordnung anzuerkennen oder sich eine eigene Ordnung zu schaffen freilich ist *ein* Ding – ein ganz ander' Ding, sie dann auch zu bewahren. Auch in Haus und Garten gehört die Bemühung um Aufrechterhaltung einer für lebensgerecht erachteten Ordnung für die meisten Menschen zum täglichen Brot. Wo nämlich „gehobelt wird", fallen stets auch „Späne". Der augenfällige Wahrheitsgehalt dieses Sprichwortes betrifft nicht nur die Werkstatt des Schreiners und Zimmerers, sondern jedwede bewohnte Heimstatt. Leben heißt nun einmal, sich zu bewegen. Und nicht nur wir Menschen selbst bewegen uns – bewegt werden von uns auch zahllose Dinge, auf die wir einen Zugriff haben und die wir für unser Leben benötigen oder doch zu benötigen glauben. Ständig transportieren wir auch im häuslichen Umkreis Gegenstände von einem zu einem anderen Ort. Eingekaufte Lebensmittel und Gebrauchsobjekte müssen abgestellt und (ein)gelagert, Abfall entsorgt werden. Stühle und zuweilen auch größere Möbelstücke und Einrichtungsgegenstände wie Vasen und Bilder werden hin- und hergeschoben, umgestellt, umgehängt oder wegtransportiert. Kleidungsstücke werden aus Schränken geholt und wieder dorthin zurückverfrachtet. Geschirr, Besteck und sonstige Küchenutensilien werden ständig aus

V. Lerne Ordnung, liebe sie…

den Küchenschränken auf den Ess- oder Küchentisch und anschließend in die Spülmaschine geräumt, um dann nach der Wiedereinordnung in die jeweils dafür vorgesehenen Schränke den Kreislauf neu zu beginnen. Von kleineren Gegenständen wie Bildern, Vasen, Servietten, Kerzenständern und Streichhölzern ganz zu schweigen. Die Aufzählung all' dessen, was im Haus bewegt wird, ließe sich endlos fortsetzen. Auch insoweit mag man an des Vorsokratikers Heraklit von Ephesus unabweisbare Erkenntnis erinnert werden, dass „alles fließt".

Wenn nun Dinge ihren gewohnten Platz verlassen oder ihnen neu hinzugekommene ihren Ort streitig machen, entsteht zunächst einmal – verglichen mit dem bisher gewollten oder doch akzeptierten Normalzustand – eine Art von Zwischenstadium, das angesichts der zu erwartenden Veränderung entweder mit Wohlbehagen als Verbesserung oder aber mit Unbehagen als Verschlechterung des bisherigen *Status quo* und damit als „Unordnung" empfunden werden mag. Ähnliches gilt in erhöhtem Maße, wenn durch häusliche Umzugs-, Renovierungs-, Reparatur- oder Reinigungsaktionen („Frühjahrsputz"!) eine vorübergehende, im Hinblick auf das Aktionsziel aber als unvermeidlich und lebensgerecht hingenommene Unordnung entsteht. So etwa auch, wenn der ganze Hausstand vor oder nach einem Umzug „auf dem Kopf" steht und die ganze Familie deshalb auch „aus dem Häuschen" ist.

Ausnahmen bestätigen die Regel, wie das Sprichwort weiß. Die Regel aber ist unleugbar: Üblicherweise fühlen wir uns dann in den eigenen vier Wänden heimisch und mehr oder minder behaglich, wenn wir dort die einmal begründete und als angenehm empfundene Ordnung bewahren und nach einer wie auch immer verursachten Störung dieser Ordnung den bisherigen Zustand möglichst rasch wiederherstellen können. Und Entsprechendes gilt selbstverständlich auch dann, wenn wir nach Herstellung einer für notwendig oder doch wünschenswert gehaltenen neuen Ordnung uns über diese freuen können.

Einen Zustand als wohltuend zu empfinden heißt allerdings noch lange nicht, ihn dann auch mit der nötigen Konsequenz aufrechtzuerhalten. Gelingt dies nicht, wird sich das Wohlbehagen sehr rasch in ein mehr oder minder drückendes Unbehagen verwandeln. Wer blickt schon gern auf Türme von ungespültem Geschirr, sich im Flur häufende Schuhberge, in der Wohnung verstreute Kleidungsstücke oder schief hängende Bilder, um besonders garstige Szenarien zu beschwören. Es geht aber nicht nur um das Gefühl des Unbehagens angesichts eines derartigen Durcheinanders. Sehr schnell können sich zu den räumlichen und ästhetischen auch allfällige hygienische und psychische Störungen einstellen, die dann möglicherweise einen erhöhten und überdies mehrdimensionalen Be-Reinigungsaufwand nach sich ziehen. Im Hinblick auf die – dann letztlich doch unvermeidliche – Wiederherstellung der häuslichen Ordnung fällt dann vor allem auch der erhöhte Zeitaufwand ins Gewicht. Weist man ständig benötigten Gegenständen wie der Brille, der Börse, dem Mobiltelefon oder dem Haus- und Autoschlüssel nicht einen ständigen, leicht auffindbaren Platz zu, wird man dies über kurz oder lang bitter bereuen müssen. Gerade die vergebliche

V. Lerne Ordnung, liebe sie…

Suche nach solchen *Necessaria* kann wahre Tragödien auslösen, wenn sie vom Temperament der Protagonist(innen) solch hektischer häuslicher Suchaktionen gefördert werden…

Im inneren Blick auf solche sattsam bekannte Szenarien klingt mir noch immer die oft wiederholte mütterliche Mahnung im Ohr:

Lerne Ordnung, liebe sie;
sie erspart dir Zeit und Müh'.

Hatte mangelnde Achtsamkeit zu langwierigen Expeditionen in die häusliche Ordnungswüste geführt, so wurde die Situationsbeschreibung auch noch durch den resignativen Gemeinspruch garniert: „Was man nicht im Kopf hat, braucht man in den Füßen".

Wie immer es sich aber damit im Einzelnen auch verhalten mag – so viel steht fest: Die Dinge dort vorzufinden, wo man sie sucht, ist eine von den meisten Menschen als solche empfundene Wohltat. Wer seinen in Unordnung geratenen Lebensraum wieder in Ordnung bringen kann, wird sich in aller Regel besser fühlen als zuvor. Wer „aufräumt" hat die besten Aussichten, sich danach in „aufgeräumter Stimmung" wiederzufinden. Nicht von Ungefähr gibt es in der Ratgeber-Sparte literarische Nothelfer, die den unter chronischer Unordnung Leidenden zu der besagten „aufgeräumten Stimmung" verhelfen wollen. Unter Titeln wie „Ordnung nebenbei" (Gunda Borgeest) oder „Das magische Aufräumbuch" (Inga Scheidt) werden den zu chronischer Unordnung Neigenden, jedoch Besserungswilligen, zahlreiche Tricks und Kniffs gezeigt, um jedwedem häuslichen Chaos zu entrinnen.

Dass für die Störung der häuslichen Ordnung nicht nur eine fehlende oder schwach entwickelte Ordnungsliebe verantwortlich sein kann, sondern vor allem auch ein allzu einkaufsfreudiges Verhalten bei gleichzeitigem Bunkern von allem bereits Erworbenen, ist unabweisbar, soll hier aber nur am Rande erwähnt werden. „Im Sammeln zerstreuen" lautet Laotses Ratschlag in seinem chinesischen Weisheitsbuch *Tao-te-king*. Auch die Aufrechterhaltung einer „gesunden" häuslichen Ordnung bedarf eines ständigen „Stoffwechsels" – wenn benötigte oder jedenfalls erwünschte Dinge ins Haus kommen, sollten nicht mehr benötigte möglichst bald das Haus verlassen, um nicht ordnungsstörende „Verstopfungen" zu erzeugen. Ein „guter Rat" dies, dem zu folgen freilich auch Vielen von seiner Richtigkeit Überzeugten schwerfallen dürfte. Genetisch tief eingewurzelte Vorratshaltungs- und Sicherheitsinstinkte („Doppelt genäht, hält besser" und „Man weiß nie, wozu man dieses oder jenes noch brauchen kann") dürften dabei die Hauptrolle spielen und es dem gegenläufigen Ordnungsinstinkt schwermachen, sich zu behaupten. Auch der freilich dürfte zur anthropologischen Grundprogrammierung gehören. Mittelalterliche Burgen wurden auf Hügeln und Bergen errichtet, um den Burgherren einen Überblick über das Land zu verschaffen, und Geschlechtertürme wuchsen in manchen Städten derselben Epoche in die Höhe um das Gewirr der Gassen überblicken und bei innerstädtischen Fehden bedrohliche Ansammlungen rechtzeitig entdecken zu können. „Übersicht" und „Durchblick" waren selbst für den Wälder und Steppen durchstreifenden Jäger der Frühzeit unverzichtbare Voraussetzungen

V. Lerne Ordnung, liebe sie...

für das eigene Überleben und für eine erfolgreiche Jagd. Andererseits war für die frühzeitlichen Jäger und Sammler angesichts der Unbilden der Witterung und der Unsicherheiten ihres Jagd- und Sammelerfolges auch eine bedachte Vorratshaltung von elementarer Bedeutung. Wer mithin in unserer Zeit bei dem Ringen zweier menschlicher Urinstinkte im eigenen Inneren die Oberhand behalten will, mag sich als häuslicher Ordnungsfürst selbst noch bei Niccolò Machiavellis berühmt-berüchtigtem *Principe* (1514) Rat holen dürfen, wobei vor allem die tatkräftige Entschlossenheit (*virtù*) die Beachtung des Zeitgeistes (*qualità dei tempi*) und das Ergreifen jeder günstigen Gelegenheit (*occasione*) bei der Abwägung der beiden gegenläufigen Tendenzen zum Einsatz kommen können. Wem dieser Ausgleich gelingt, kann sich mit Fug und Recht im Einklang mit dem Sinn des Lebens sehen, sich dessen erfreuen also, was die chinesische Geomantie (Feng Shui) als erfolgversprechendes, weil den Energiefluss des Lebens förderndes „Chi" in allen Lebensverhältnissen zu gewinnen sucht.

Was für das Haus gilt, gilt auch für den Garten. Wem es vergönnt ist, einen solchen besitzen und pflegen zu können, was heutzutage am Ehesten noch in den Vorstädten und auf dem Lande möglich erscheint, wird sich im Zweifel auch um die – wie auch immer beschaffene – Ordnung dieses Gartens kümmern müssen. Auch die Gestaltung der einmal gewählten oder übernommenen „Gartenordnung" im Wechsel der Jahreszeiten bedarf eines erheblichen Maßes an Erfahrungswissen, Arbeit und Achtsamkeit. Ganz unabhängig davon, ob der Garten im

Rückblick auf historische Gestaltungsmuster als „formaler Garten" im Geiste von Renaissance und Barock gestaltet wird, dem aufklärerischen Ideal eines gehegten „Landschaftsgartens" folgt, oder aber im Zeichen der Umwelt- und Klimakrise als weitgehend „wild" belassener „Naturgarten" angelegt ist – stets gilt es – je nach Gestaltungsart - mehr oder weniger Ordnungsarbeit zu leisten, wenn man nicht (wie der Held in Franz Hohlers Roman „Rückeroberung" aus dem Jahre 1982) vom Wildwuchs so umstrickt wird, dass man eine Machete braucht, um sich ins Freie wagen zu können.

Der Widerstreit der einerseits auf Ungezwungenheit und andererseits auf Eingebundenheit ausgerichteten menschlichen Urinstinkte, der es zuweilen schwierig macht, die rechte „Hausordnung" zu wahren, dürfte im Garten seltener virulent werden als im Haus. Anders freilich können sich die Dinge entwickeln, wenn die Hausbewohner Künstler oder (Hobby-)Handwerker sind und sich rund ums Haus und im Garten nach und nach zahllose Materialien und Utensilien ansammeln, „die man vielleicht mal brauchen könnte" – das eben, was unter besonders ungünstigen Umständen dann im Volksmund als „Geraffel" bezeichnet zu werden pflegt, dessen Anblick niemandes Herz höherschlagen lässt und vielfach auch den gelegentlichen Nutznießern über kurz oder lang lästig wird. Ganz abgesehen von Derartigem aber sorgt schon der Wechsel der Jahreszeiten dafür, dass auch im Garten ständig etwas in Ordnung gebracht werden sollte, um ihn in einem wünschenswerten Zustand zu erhalten. Im Spätherbst etwa sollten die Obstbäume geschnitten werden. Spätestens im Frühjahr sollte das im

V. Lerne Ordnung, liebe sie...

Herbst noch nicht gerechte Laub den darunterliegenden Pflanzen wieder die Luft zum Atmen schenken. Im Sommer muss wenigstens ab und an mähen, wer die Gartenwiese „bewohnen" will. Bei ungewöhnlicher Trockenheit muss sie (wie auch manche Blumen) gesprengt bzw. begossen werden. Im Spätherbst sollten empfindliche Pflanzen wie etwa Rosenstöcke einen Frostschutz bekommen und Koniferen nochmals tüchtig gewässert werden, um die Winterzeit gut zu überstehen. Nur einige Beispiele dies für viele Maßnahmen, die erforderlich sind, um Gärten in „artgerechter" Ordnung zu halten.

Ein nicht unwesentliches Element jedoch unterscheidet die Gartenpflege von der (Ordnungs-)Pflege des Hauses. Während der sein Haus nicht in Ordnung Haltende (nur) gegen einen eigenen tief eingewurzelten Instinkt verstößt, kann die Vernachlässigung der Gartenpflege auch andere Lebewesen belasten – ein Unterschied, der zumindest mitweltfühlige Zeitgenossen nicht gleichgültig lassen sollte. Glyphosat vernichtet nicht nur Unkraut, der Laubbläser bewegt nicht nur Laub und der niedliche Mähroboter sorgt (bestenfalls) nicht nur für einen „englischen Rasen" – und wer nach Feuchtigkeit lechzende Pflanzen verdursten lässt, begeht eine augenfällige Grausamkeit. Eine Grausamkeit freilich, die – sei es nun im Haus oder im Garten – auch ordnungsliebende Mitbewohner eines Hauses oder Mitnutzer eines Gartens (be-)treffen kann, die sich dem Verfügungsrecht eines Nicht-Ordnungswilligen beugen müssen. Auch insoweit sind zwischenmenschliche Konflikte rund um das Prinzip Ordnung geradezu vorprogrammiert. Geschlichtet oder gelöst werden können sie nur auf einer höheren mentalen Ebene.

VI. Die Ordnung (in) der Familie

Über *die* Ordnung (in) der Familie zu schreiben, ohne schon über diese Formulierung zu stolpern, ist fast unmöglich. Einst glaubte man sehr genau zu wissen, wie diese Ordnung auszusehen hatte – als eine Art von aufgeklärter Monarchie nämlich, an deren Spitze sowohl in der germanischen als auch in der römischen (und erst recht in der islamischen) Tradition der Familienvater zu stehen hatte. Neben ihm, jedoch auf einer niedereren Bedeutungs- und Rechtsstufe, die Mutter und bis zur Volljährigkeit unter der Munt- bzw. Manusgewalt des Vaters die Kinder. Obwohl sich im Laufe der Jahrhunderte die rechtliche Strenge und soziale Akzeptanz der dem *Pater familias* etwa im römischen Recht zugeordneten Oberhoheit in der Familie merklich gelockert hatte, waren ihm bis ins 20. Jahrhundert hinein noch lange viele wenig lebensgerechte Privilegien geblieben. Und erst recht galt dies für den der Tradition geschuldeten nominellen Nimbus. Als der Autor dieser Zeilen im Jahre 1965 mit seiner Braut vor den Traualtar eines italienischen Domes trat, wurde er in der Trauungszeremonie noch ausdrücklich zum „Capo della famiglia" erklärt. Und dies, obwohl die rechtliche Gleichstellung von Mann und Frau zu diesem Zeitpunkt auch in Italien längst vollzogen war. Zumindest in Europa war ein langer und für die unterprivilegierten Frauen oft qualvoller Emanzipationsweg zwar noch nicht völlig zuende gegangen, aber doch sehr weit fortgeschritten. Und auch im Verlauf des letzten halben Jahrhunderts wurden noch einige unschöne Spuren der jahrhunderte-(um nicht zu sagen jahrtausende-)langen Unterprivilegierung der Europäerinnen getilgt. In endlosen Social-Correctness-Schleifen sind die Nachbeben dieser Entwicklung auch heute noch ständig zu spüren. Dass sie zuweilen im Zeichen der „Gender"-Debatten groteske (Sumpf-)Blüten treiben und in Grenzfällen selbst Gefahr laufen, ins letztlich kontraproduktive Gegenteil zu verfallen, ist freilich auch ein Teil der Wahrheit. Und dies umso mehr als unsere Gesellschaft seit dem Ende des Zweiten Weltkrieges die Integration mehrerer Wellen soziokulturell ganz anders geprägter Immigranten zu verkraften hatte, was zu ständigen „Aufrauhungen" nicht zuletzt dieses Problemfeldes führt.

Im öffentlichen Leben jedenfalls ist nicht nur die rechtliche, sondern auch die soziale und politische Gleichstellung der Geschlechter in vielen europäischen Ländern weitgehend vollzogen. Mit Ausnahme der Katholischen Kirche (wo diese Haltung aber auch bröckelt) stehen Frauen heute alle Positionen in Gesellschaft, Wirtschaft und Politik offen. Weit mehr als ein Jahrzehnt stand mit Angela Merkel eine Frau an der Spitze der Bundesregierung, heute steht Bärbel Bas als Präsidentin an der Spitze des Bundestages und Ursula von der Leyen als Präsidentin an der Spitze der Europäischen Kommission. Das Bundeskabinett ist fast paritätisch besetzt, viele Länderkabinette ebenfalls. Auch in den Parlamenten, in der

VI. Die Ordnung (in) der Familie

Kommunalpolitik, in der Wirtschaft, in der Wissenschaft und in den Medien herrschen ähnliche Verhältnisse, zum Teil haben sie sich fast schon umgekehrt.

Was aber hat all' dies mit der Ordnung der Familie zu tun? Zumindest so viel: Die veränderte Rolle der Frau in der Gesellschaft hat nicht unerhebliche Auswirkungen auf das Familienleben, dessen Abläufe maßgeblich von dessen Existenzgrundlagen abhängen. Diese aber sind heute grundstürzend und grundlegend anders als in den vergangenen Jahrhunderten und Jahrtausenden.

Das Traditionsmodell der Vorherrschaft des Mannes in der Familie dürfte nicht zuletzt darauf gründen, dass in der Frühzeit des menschlichen Jäger- und Sammlerdaseins *er* es war, der dank seiner zumeist stärkeren Muskelkraft und höheren Ausdauer dazu befähigt war, die Jagdbeute als Ernährungsgrundlage zu sichern und überdies auch die Familie vor zudringlichen Rivalen und wilden Tieren zu schützen. Zu vermuten ist, dass diese Leistung gegenüber dem Beitrag der Frauen zur Erhaltung der Familie (die Sorge für den familiären Nachwuchs, das Sammeln pflanzlicher Nahrung und deren Zubereitung, später auch Feldarbeit) als lebenswichtiger eingestuft wurde. Und nicht auszuschließen ist auch, dass die Männer auch „nachdrücklich" und „nachhaltig" dafür sorgten, dass diese Bewertung ihres Beitrages zur Erhaltung der Familie durchgesetzt und beibehalten wurde. Vieles spricht dafür, dass sowohl Dominanz als auch Konsens dabei eine Rolle spielten, zumal die Erzeugung und die Aufzucht der Kinder wohl auch in dieser Frühzeit bereits emotionale Implikationen und Konsequenzen hatten.

Nach der allmählichen Sesshaftwerdung und der Entwicklung einer Abfolge von Selbstversorgungs-, Tausch- und schließlich Geldwirtschaft war es zunächst in Fortsetzung dieses Traditionsmodelles wohl wiederum in erster Linie der Mann, der eine (wenn nicht *die*) Hauptrolle bei der Daseinsvorsorge für die Familie spielte. Er hatte (eventuell im Zusammenwirken mit der ganzen Familie) eine Wohnstatt zu errichten, der Landwirtschaft vorzustehen und Gegenstände zur Selbstversorgung oder zum Tausch herzustellen, während die Frau neben ihrer Rolle als Hausfrau und Mutter wohl die tragende Rolle bei der Herstellung und Pflege der Bekleidung, der Gartenwirtschaft und der Zubereitung der Nahrung zukam. Auch beim Vertrieb von Garten- und Feldfrüchten sowie selbsterzeugten Textilien auf den sich allmählich in größeren Siedlungen entwickelnden Märkten dürfte sie eine wichtige Rolle gespielt haben, womit sie mehr und mehr auch in die Geldwirtschaft hineinwuchs. Die Hauptverantwortung für den Unterhalt und den Stellenwert der Familie trug aber noch sehr lange – im Grunde bis an die Schwelle der Gegenwart – der Mann, dessen Stellung daher auch noch entsprechend lange rechtlich privilegiert blieb.

Über die tatsächliche innere Ordnung der Familie freilich sagte diese rechtliche Ordnung nicht übermäßig viel aus. Das Gewicht, das dem Familienvater oder der Familienmutter innerhalb der Familie zukam und nach wie vor zukommt, hängt nur bedingt vom äußeren sozialen Status ab. Da die körperlichen, geistigen und seelischen Eigenschaften der Familienmitglieder, ihre charakterlichen und intellektuellen Qualitäten und Ausprägungen

VI. Die Ordnung (in) der Familie

sehr unterschiedlich zu sein pflegen, bleibt dies auch nicht ohne Einfluss auf die jeweilige Art des Zusammenlebens. Nicht zuletzt dieser Aspekt macht deutlich, warum es – jenseits der jeweiligen rechtlichen Rahmenbedingungen – weder in der Vergangenheit noch heute ohne weiteres möglich war, allgemeingültige Aussagen über *die* Ordnung der Familie zu treffen. Galt dies schon in der Vergangenheit unter den Vorzeichen einer eher patriarchalisch akzentuierten Gesellschaftsordnung, so gilt dies erst recht für eine eher liberal ausgerichtete. Nicht auszuschließen ist etwa, dass der Partner einer Ehe oder sonstigen Lebensgemeinschaft, der im sozialen Außenverhältnis einen hohen (und vielleicht die Familie auch wirtschaftlich tragenden) „Stellenwert" hat, im familiären Innenverhältnis aufgrund seiner charakterlichen Prägung eine eher untergeordnete Rolle spielt – oder eben *vice versa*. In der Regel wird man jedenfalls bei jeder eine Familie begründenden Lebensgemeinschaft zumindest im Ansatz davon ausgehen können, dass das Zusammenwirken von Gefühl und Vernunft dafür sorgt, dass sich über kurz oder lang eine lebensgerechte Ordnung einstellt, die freilich – wie zahllose leidvolle Erfahrungen belegen – auch wieder durch interne oder externe Verwerfungen gefährdet oder gar gesprengt werden kann. Zu einer derart gebildeten Familienordnung zählt insbesondere eine im Interesse des Gesamtwohles der Familie vereinbarte Arbeitsteilung. Falls die Frau es ist, die in erster Linie für das Einkommen der Familie sorgt, wird dies schon deshalb einen entscheidenden Einfluss auf die Familienordnung haben, als sie sich dann im

Zweifel nicht mehr so intensiv um etwaige Kinder kümmern kann wie dies in Familien traditionellen Zuschnittes der Fall ist, und der Mann dann diese Rolle ganz oder teilweise übernehmen muss. Wie die Familienordnung aussieht, wenn die Frau und Mutter Bundesministerin ist und der Mann Sozialarbeiter – ein heute keineswegs mehr völlig utopisches Szenario – ist jedenfalls leicht vorstellbar. Zumeist sind es heute jedoch Frauen, die entweder im Niedriglohnsektor oder nur halbtags arbeiten wollen (oder können) und sich dann die Betreuung der Kinder mit der Schule, dem Kindergarten oder der Kindertagesstätte teilen. Wo beide Partner nur halbtags arbeiten, werden sie sich die familiären Aufgaben situations- und zeitgerecht teilen. Und dort, wo es noch der Mann ist, der allein für den finanziellen Unterhalt der Familie sorgt, die Ordnung der Familie somit dem Traditionsmuster folgt, wird dies im sozialen Umfeld heute erfahrungsgemäß unterschiedliche Reaktionen auslösen. Während die sich in der traditionellen Rolle der Hausfrau und Hausmutter gefallende Frau von manchen ihrer berufstätigen Geschlechtsgenossinnen bedauert wird, wird sie von anderen mehr oder minder beneidet. Auch dies gehört zu den Erfahrungen unserer heutigen sozialen Um- und Mitwelt.

Wie immer die innerfamiliäre Arbeitsteilung und Freizeitordnung aber auch aussehen mag - ohne von geistig-seelischer Empathie getragenem Respekt kann auch und gerade unter den heutigen, nicht festgelegten, freiheitlichen gesellschaftlichen Rahmenbedingungen keine lebensfreundliche Familienordnung begründet und auf-

VI. Die Ordnung (in) der Familie

rechterhalten werden. Dass heute weithin das postmoderne *Anything-goes*-Prinzip zur sozialen Realität geworden ist, in der immer häufiger sog. *Patchwork*-Familien als Auffangnetz für gescheiterte Ehen in Erscheinung treten, erleichtert *und* erschwert die Herausbildung einer harmonischen Familienordnung gleichermaßen. Einerseits gilt kaum mehr etwas als sozial anstößig, solange keine unguten Töne nach außen dringen oder Dritte belastet und belästigt werden, andererseits bietet in Problemsituationen der Rekurs auf die Tröstungen traditioneller Unausweichlichkeit oder der Gang zum Pfarrer keine zwingend erfolgversprechende Perspektive mehr. Überdies verdient heute ein ganzes Heer von Psychologen, Psychotherapeuten, Astrologen und Adepten der verschiedensten esoterischen Disziplinen – und letztlich oft genug auch von Juristen – mit der „Bearbeitung" von Störungen der internen Familienordnung ihr Brot. Gemessen an traditionellen Erwartungen erfährt, wer sich Anfang des 21. Jahrhunderts in eine Ehe oder sonstige Lebenspartnerschaft begibt, „das Ende aller Sicherheit". Um ein weit verbreitetes Sprichwort zu bemühen, ist er „vor Gericht und auf hoher See" wie auch hier „in Gottes Hand", wenn man den Scheidungs- und Trennungsstatistiken glauben kann. Da aber auch die traditionellen Gottesvorstellungen sich inzwischen drastisch verändert haben und selbst viele der christlichen Ethik Verpflichtete heute mit dem Bild eines persönlichen Gottes, ohne dessen Wissen und Wille „kein Haar vom Haupte fällt" allenfalls noch im Lichte der pantheistischen Vision Baruch de Spinozas („Gott oder die Natur") etwas anfangen können, stehen sie bei der Begründung oder Aufrechterhaltung einer Lebensgemeinschaft als Schöpfer ihrer kleinen Welt „allein auf freier Flur". Zu hoffen bleibt, dass trotz solcher – im Zuge der Glaubwürdigkeitskrise der christlichen Kirchen und ihrer Glaubenswahrheiten immer häufiger anzutreffenden – mentalen Befindlichkeiten die Beschaffenheit möglichst vieler Ehe- und Lebensgemeinschaften in nostalgischer Diktion als „im Himmel geschlossen" betrachtet und bezeichnet werden können. Falls dies der Fall sein sollte, bräuchte man sich auch um die (wie auch immer beschaffene) innere Ordnung der so begründeten Familien keine großen Sorgen zu machen.

VII. Mens sana in corpore sano

Die rechte Ordnung des Körpers äußert sich in seiner Gesundheit. Wenn alle Körperfunktionen harmonisch zusammenzuwirken scheinen und man sich (deshalb) wohl und lebenstüchtig fühlt, wird man in der Regel auch davon ausgehen können, dass die von „Gott oder der Natur" (Spinoza) vorgesehene rechte Ordnung des Körpers verwirklicht ist. Wie wir alle wissen, bedarf die Aufrechterhaltung dieser Ordnung von Kindheit an großer, mit zunehmendem Alter immer bedeutsamer werdender Aufmerksamkeit. Was dabei zu beachten ist, ist teilweise uraltes, von Generation zu Generation weitergegebenes Erfahrungswissen. Weitergegeben wird dieses Wissen nicht nur durch die Praxis der Heilkundigen, sondern auch durch im kollektiven Gedächtnis verankerte altbekannte Spruchweisheiten wie „Gut gekaut ist halb verdaut", „Nach dem Essen sollst du ruh'n, oder tausend Schritte tun" bzw. „An apple a day keeps the doctor away". Neben solchen mündlichen Überlieferungen füllt aber auch die Gesundheitsliteratur aller Zeiten ganze Bibliotheken. Und in den Forschungszentren der medizinischen Fakultäten und der Pharmaindustrie werden die bislang gewonnenen medizinischen Erkenntnisse ständig erweitert und verfeinert. Auch in jenen Bereichen der Medizin und der Psychologie, die sich mit den äußerst komplexen Wechselwirkungen von körperlicher und geistig-seelischer Gesundheit befassen, werden die Bemühungen um eine zuverlässige diagnostische Bestimmung und eine wirksame therapeutische Behandlung allfälliger Störungen des somasematischen Gleichgewichtes ständig weitergeführt. In diesem Problemfeld wirken heute neben – oft jedoch angesichts zahlreicher Missbrauchsskandale immer unglaubwürdiger gewordenen – Geistlichen zahlreiche Vertreter esoterischer und paraesoterischer Disziplinen, die auf ihre Weise bemüht sind, zur Harmonisierung von Körper, Geist und Seele ihrer Klientinnen und Klienten beizutragen. Des römischen Dichters Juvenalis (um 100 n. Chr.) Leitspruch „Mens sana in corpore sano" („Gesunder Geist in gesundem Körper") kann und muss man jedenfalls in beide Richtungen lesen: Ein kranker Körper muss nicht, kann aber zu geistig-seelischen Störungen führen, ein verirrter Geist oder eine kranke Seele kann auch zu erheblichen körperlichen Beeinträchtigungen führen oder doch dazu beitragen. Auch insoweit gilt mithin der hermetische Grundsatz „Wie oben so unten, wie innen so außen".

Wenn man bedenkt, dass es in allen sozialen Lebensbereichen letztlich *einzelne* Menschen sind, die für die Aufrechterhaltung oder die Störung der jeweils lebensgerechten Ordnungsformen verantwortlich sind – in der Familie also, im häuslichen bzw. nachbarlichen, lokalen und regionalen Umkreis, in der ganzen Gesellschaft und in der Politik – so wird deutlich, welche Tragweite individuellen Störungen der rechten Ordnung von Körper, Geist und Seele zukommt. Haben nicht immer wieder

VII. Mens sana in corpore sano

narzisstische Tyrannen in ihrem Machtrausch ganze Völker ins Unglück gestürzt, seelenkranke (weil vielleicht in ihrer Kindheit und Jugend selbst nachhaltig gekränkte) Väter und Mütter in ihren Familien, Lehrerinnen und Lehrer in der Schule, Vorgesetzte in Wirtschaft und Gesellschaft viel Unheil angerichtet? Haben nicht umgekehrt in einem guten psychosomatischen Gleichgewicht Befindliche ihnen in dieser oder jener Weise (und sei es auch nur auf Zeit) anvertraute Seelenkranke in eine gute Ordnung gebracht, das wieder eingerenkt, was Andere, selbst Gestörte, verbogen hatten?!

Über die jeweiligen Hintergründe, Motive und Auslöser für solche zerstörerische wie auch für wiederaufbauende Impulse lässt sich stets mit mehr oder weniger guten Argumenten diskutieren. Sowohl genetische als auch sozialisationsbedingte und astrologische Aspekte mögen für die in den familiären, gesellschaftlichen und politischen Raum hineinwirkenden chaotisierenden oder harmonisierenden Impulse einzelner Menschen (mit)verantwortlich sein. Und wer sich an derlei Mutmaßungen wagen will, mag auch über das karmische Entwicklungsstadium einzelner Akteure spekulieren oder gar metaphysische Präselektionen oder Interventionen am Werk sehen. Soviel jedenfalls ist gewiss: Auch und gerade auf der individuellen Ebene, beim Zusammenspiel von Körper, Geist und Seele der einzelnen Menschen ist die Wechseldynamik von lebensbejahender Ordnung und lebensverneinender Unordnung, von aufbauender Strukturbildung und Strukturerhaltung einerseits und auflösender Dekonstruktion andererseits ständig am Werk. Dass diese Wechseldynamik sowohl in der altpersischen als auch in der – von ihr durch Vermittlung des Kirchenvaters Aurelius Augustinus (354-430) insoweit beeinflussten – christlichen Theologie personalisiert wurde, ist nicht verwunderlich. Sie als Kampf zwischen der göttlichen Macht des Guten (Ahura Mazda) und der teuflischen Macht des Bösen (Ahriman) darzustellen, entspricht dem menschlichen Bedürfnis nach Bildhaftigkeit und nach Reduktion von Komplexität. Auch der Versuch jedoch, dieser Wechseldynamik zu entrinnen, aus einem Zustand ständiger, als Dialektik erfahrbarer Instabilität in einen Zustand inneren Gleichgewichtes zu finden, gehört seit alters her zu den bedeutsamsten Menschheitsanliegen. Angenommen haben sich dieses Anliegens im Hinblick auf den Körper vor allem die Medizinwissenschaften, im Hinblick auf Geist und Seele Religion und Philosophie. Das Bestreben der um Seelenruhe und Gelassenheit bemühten epikuräischen (*Ataraxia*) bzw. stoischen (*Apatheia*) Grundhaltung gehört ebenso in diesen Zusammenhang wie Laotses Lehre vom gewundenen Pfad des Tao. Und nach gefestigter christlicher Tradition bietet gläubiges Gottvertrauen den Königsweg aus den Wirrsalen des Lebens. Kein Herz, so Augustinus im Gespräch mit seinem Gott, werde Ruhe finden, „ehe es ruht in Dir". Anderthalb Jahrtausende später wiederholt der Dichter Eduard Mörike (1804-1875) das Zeugnis des Kirchenvaters in einem schlichten Vierzeiler auf seine Weise:

> „Herr, schicke, was Du willt -
> Ein Liebes oder Leides,
> Ich bin vergnügt, dass Beides
> Aus Deinen Händen quillt."

VIII. Die Seelenordnung

Wer könnte es wagen, zum Begriff der menschlichen Seele unzweifelhaft Gültiges oder gar *End*gültiges auszusagen?! Das, was wir als innersten Kern unseres *Da*seins und *So*seins verstehen, wie auch das, was nach Überzeugung der meisten Religionen unsterblich und nach Meinung vieler einer ständigen (wenn auch nicht unbedingt linear, sondern vielfach dialektisch verlaufenden) Entwicklung zugänglich ist, bleibt letztlich unergründlich. Wenn überhaupt, enthüllt es sich uns höchstens punktuell in Grenzbereichen der Verhaltensethik. Soviel nämlich scheint gewiss: Mit dem rechten Verhalten, mit dem, was wir als Ethik verstehen – sei es nun als Gesinnungs- oder Verantwortungsethik im Sinne Max Webers – hat die Beschaffenheit der individuellen Seelenordung sehr viel zu tun. Eine als Spiegelung universaler Gesetzlichkeiten vorstellbare Seelenordnung ist nach interkulturell verbreiteter Überzeugung mit der Vernachlässigung oder gar bewussten und gezielten Nichtachtung dessen, was wir unter dem Sammelbegriff von „Recht und Anstand" zusammenfassen, nicht vereinbar.

Seit Menschengedenken befassen sich Gottsucher und Weisheitsverkünder, Theologen und Philosophen (und in deren Gefolge dann auch Rechtsgelehrte) mit den wünschbaren Gesetzlichkeiten des Zusammenlebens –

die Einen in erster Linie unter Berufung auf angebliche göttliche Offenbarungen, die Anderen vor allem unter Berufung auf die menschliche Vernunft. Ihre „Wahrheits"suche gilt den Voraussetzungen, Bedingungen und Konsequenzen der zwischenmenschlichen Gerechtigkeit und deren Umsetzung in rechtlich verbindliche, d.h. obrigkeitlich erzwingbare, Verhaltensnormen. Die Erwartungen der „Moral" (ein Begriff, der sich ursprünglich nur auf die „mores", die überlieferten Sitten eines Volkes, bezog, heute jedoch die allgemein anerkannten ethischen Normen zusammenfasst) an das einer spezifischen zwischenmenschlichen Situation angemessene Verhalten der jeweiligen Akteure kann dabei weit über das rechtlich Gebotene hinausgehen. Und darüber, dass nur die solchen Erwartungen Genügenden erfolgreich an der Weiterentwicklung ihrer Seelenordnung arbeiten, besteht in allen Weltkulturen weitgehende Übereinstimmung. Nach christlicher und islamischer Überzeugung können die derart Bemühten ihre Hoffnung auf einen „Platz im Himmelreich" fördern, und nach buddhistischer Überzeugung die Hoffnung auf eine Verbesserung ihres Karmas im Blick auf eine spätere Wiedergeburt – oder gar den Einzug ins „Nirwana".

Wie die mit einer guten Seelenordnung zu vereinbarenden Verhaltenserwartungen beschaffen sind, wurde im Laufe der Menschheitsgeschichte in zahlreichen Dokumenten niedergelegt. Für die abrahamitischen Religionen (Judentum, Christentum, Islam) sind ihre Grundpfeiler vorab im mosaischen Dekalog verankert, der letztlich – wenn auch mit kulturspezifischen Variationen – zu so et-

VIII. Die Seelenordnung

was wie einer „Weltethik" geworden ist. Auch die auf ältere (u.a. altindische und altpersische) Überlieferungen gründende „goldene Regel" der Stoa, die leicht variiert auch in der „Bergpredigt" der christlichen Lichtgestalt Jesus von Nazareth wiederkehrt, bündelt all' diese Verhaltensgebote in eindrucksvoller Schlichtheit: „Was du willst, dass man dir tue, das tue auch Anderen", heißt es in der Bergpredigt. Und in der stoischen goldenen Regel wird die Umkehrung betont, die im Deutschen in den Merkvers gekleidet wurde „Was du nicht willst, dass man dir tu, das füg' auch keinem Anderen zu!" Die Rückverweisung des nach dem rechten Seelenweg Suchenden auf die eigene (hypothetische) Befindlichkeit garantiert die Unmissverständlichkeit der zu verfolgenden Spur.

Ähnlich schlicht wie dieser ethische Verhaltenskompass ist auch die von dem Vorsokratiker Anaximander (um 610–547 v. Chr.) eröffnete Perspektive, der neben ihrer kosmologischen *zumindest auch* eine – wenn auch indirekte – ethische Dimension zukommen dürfte. „Die Dinge", heißt es bei Anaximander, „leisten einander Sühne und Vergeltung nach dem Maß ihrer Ungerechtigkeit und der Ordnung der Zeit". Ein Fragment dies, dessen Pendant die Umkehrung zum Ausdruck gebracht haben dürfte: „Die Dinge leisten einander Lohn und Vergeltung nach dem Maß ihrer Gerechtigkeit und der Ordnung der Zeit". Ob „Lohn" und „Sühne" im Diesseits oder im Jenseits zu erwarten ist, oder hier wie dort, mag offenbleiben. Die meisten Religionen jedenfalls verweisen die Ankündigung von „Lohn und Vergeltung" ins metaphysische Jenseits, wobei sie hierzu sehr unterschiedliche Angaben machen zu können glauben – Angaben, die von ihren Anhängern dann mit mehr oder minder nachhaltiger Intensität geglaubt oder eben nicht (mehr) geglaubt werden. In Europa jedenfalls dürfte dieser Glaube seit dem Beginn der Aufklärung einen sich ständig beschleunigenden Niedergang erfahren haben. Dahingestellt bleiben mag auch, ob der Glaube, im Jenseits auf irgendwelche Art und Weise für diesseitiges Verhalten belohnt oder bestraft zu werden, unverzichtbare Voraussetzung für die Formierung einer im Sinne Platons das Schöne, Gute und Wahre spiegelnden Seelenordnung gesehen werden muss. Und Entsprechendes gilt wohl auch für Anaximanders eher auf das Diesseits bezogenen Hinweis auf eine unausweichliche schicksalhafte Retorsionsdialektik. Beides ist nicht mehr als eine dürftige Krücke, deren Erbärmlichkeit sich in Bert Brechts ruppiger Dreigroschen-Wahrheit „Der Mensch ist gar nicht gut/drum gib ihm eine auf den Hut/dann wird er vielleicht gut" spiegelt. Und wer einer ausführlichen Begründung für diese Art von „bitterer Arzeney" (Struwwelpeter) aus der Ethik-Apotheke bedarf, mag sich an des bereits erwähnten englischen Philosophen Thomas Hobbes (1588-1679) logischen Mythos vom Urzustand halten, als dessen angeblich friedensreiches Ergebnis er dann in seinem „Leviathan" von 1651 den (zunächst autoritären) Staat präsentiert, der die in einem hypothetischen Krieg Aller gegen Alle befangenen menschlichen Wölfe zur Räson bringt. Dass dem – von Hobbes mit dem biblischen Ungeheuer aus dem Buch Hiob assoziierten – staatlichen Friedensbringer im Laufe zumindest der abendländischen Verfassungsentwicklung die

VIII. Die Seelenordnung

allzu spitzen Krallen abgefeilt wurden, änderte und ändert nichts an seiner Aufgabe den stets drohenden Rückfall in einen Krieg Aller gegen Alle zu verhindern. Stets wurde und wird vom Staat erwartet, auf der Hut zu sein, um den unter seinem Schutz und Schirm Lebenden notfalls eine „auf den Hut" geben zu können, damit sie die Grenzen der Sozialverträglichkeit nicht sprengen und wenigstens diesen Minimalstandard eines (wenn vielleicht auch zähneknirschenden) Wohlverhaltens oder Stillhaltens zu erfüllen. Wer eine ausführliche Begründung für die Tunlichkeit einer solchen Art des „Gutseins" kennenlernen möchte, kann ihr im logischen Mythos des Hobbes'schen Urzustandes begegnen.

Im Zweifel jedoch wird es jeder Unbefangene, der nicht zum Zyniker geboren ist, als wohltuend empfinden, wenn gute Taten „von Herzen" kommen, echtem Mitgefühl entspringen, nicht aber dem „kühlen Grunde" einer – mögliche Gegenleistungen oder Vergeltungsmaßnahmen antizipierenden und in erster Linie oder gar nur durch sie motivierten – Gegenseitigkeitsmathematik. Dass sich das Eine mehr oder minder bewusst oder unbewusst mit dem Anderen vermengen kann, ist freilich unabweisbar, zumal jahrtausendealtes Erfahrungswissen über die gewissermaßen „subkutanen" Verbindungslinien von Vernunft und Gefühl im sozialen Für-, Mit- und Gegeneinander ins mentale Erbgut der Menschheit eingegangen sein und sich inzwischen zu einem vielfach kaum mehr auflösbaren emotionalen und mentalen Konglomerat entwickelt haben dürften. Und da man im Übrigen wohl davon ausgehen kann, dass diese oft untrennbare Verbindung emotionaler Impulse mit rationalen Erwägungen auch (weil es sie sonst nicht gäbe) mit universalen Gesetzlichkeiten vereinbar ist bzw. ihr sogar entspringt, muss offenbleiben, inwieweit das individuelle Bestreben, diese beiden Bewusstseinskomponenten *in foro interno* zum Ausgleich zu bringen, Voraussetzung für die Bewahrung oder Bildung einer „gottgewollten" Seelenordnung ist.

IX. Ordnung als Schicksal der Welt
Ein Epilog

Ordnung sei „das halbe Leben" überschreibt Tony Osron seinen kleinen Ratgeber zur Ordnungswahrung. Vordergründig mag dies für die mentale Morphologie des menschlichen Daseins seine Richtigkeit haben. Im Lichte der hier festgehaltenen Überlegungen hat es allerdings eher den Anschein, als ob Ordnung weit mehr als „das halbe" Leben bedeute, dass ihre Strukturgesetzlichkeiten – ob uns dies nun bewusst wird oder nicht – alle Phänomene und Dimensionen der belebten wie der unbelebten Welt durchwirkt und bedingt. Ordnung, so hat es den Anschein, ist das Schicksal der Welt, ist das dem Universum im Schöpfungsimpuls und Schöpfungsprozess eingeprägte, auf „Weltreise" Geschickte und sich in vielen Unterordnungen samt deren Entwicklungsgesetzlichkeiten Ausgliedernde, sich uns ihr „wahres Gesicht" aber zumeist hinter einem (wenn überhaupt) nur halb durchsichtigen Schleier Verbergende.

Über das Schicksal des Kosmos als eines „großen Ganzen" vermögen selbst die fortschrittlichsten Naturwissenschaftler nur Vorläufiges und Bruchstückhaftes auszusagen. Mehr schon glauben wir wissen zu können vom mutmaßlichen Schicksal der Erde, über das schon die vorsokratischen Naturphilosophen tiefgründige Einsichten gewonnen und Vorstellungen entwickelt hatten. Das Schicksal von Staaten, Gesellschaften und anderen Gesellungsformen erforschen die Geschichts-, Sozial-, Politik- und Rechtswissenschaften. Mit der Schicksalsordnung einzelner Menschen befassen sich unermüdlich die in weitestem Sinne zu verstehenden „Gesundheitswissenschaften" sowie auch – auf die ihnen eigene besondere Weise – die Künstler, Theologen, Dichter und Denker. Was sie Alle in Bewegung hält, ist das Phänomen und Problem der unentwegten Veränderung nicht nur ihres eigenen Bewusstseinszustandes, sondern auch ihres Betrachtungsgegenstandes. Auch Ordnung nämlich ist nichts Statisches, sondern vielmehr sich nach den dem Kosmos immanenten Gesetzlichkeiten mehr oder minder dynamisch Entfaltendes, aber allem Anschein nach letztlich stets wieder auf einen Gleichgewichtszustand hin Ausgerichtetes.

Was wir im Lichte der Astrophysik und anderer mit dieser Thematik befassten Naturwissenschaften wissen zu können glauben ist, dass es einen, sich aus einem nicht näher bestimmbaren Urzustand extremer Verdichtung und Erhitzung explosiv und inflationär in Zeit und Raum ausdehnenden, jedoch von einer alles überragenden und prägenden, gewissermaßen „göttlich" beseelten, schöpferischen Anfang des Universums gab. Darüber aber, ob es auch so etwas wie ein Endziel der (in universalem Sinne verstandenen) „Weltgeschichte" gibt, können wir bestenfalls spekulieren. Die Prognosen und Hypothesen der damit befassten Wissenschaften vermögen darüber nur Fragmentarisches auszusagen, Veränderungs- und

IX. Ordnung als Schicksal der Welt

Entwicklungstendenzen zu benennen, nicht jedoch einen plausibel begründbaren „Punkt Omega" als Endpunkt (geschweige denn Endziel) der „Weltgeschichte" zu benennen. Und die Erzählungen der Religionen (wie etwa Teilhard de Chardins Ausrichtung auf Christus als Punkt Omega oder Frank Tiplers futuristische Punkt-Omega-Spekulationen) bleiben ohnedies nur dem Bewusstsein der sich mental in deren Beziehungsfeld Bewegenden vorbehalten. Die wissenschaftlichen wie die metawissenschaftlichen Narrative haben ihre eigenen Ordnungsgesetzlichkeiten – ganz so wie auch die erfahrungsbasierten Berichte über das Schicksal einzelner pflanzlicher, tierischer und menschlicher Lebewesen oder auch über die einsehbaren und nachvollziehbaren Schicksalsordnungen einzelner gesellschaftlicher und staatlicher Formationen und Institutionen. Sie alle scheinen sich im Sinne und im Rhythmus der bereits früher erwähnten Entsprechungsphilosophie des Vorsokratikers Anaximander nach der „Ordnung der Zeit" zu entwickeln, die selbst nichts anderes als die Funktion einer universalen Ordnungsimmanenz sein kann. Und dies auf allen Ebenen der belebten wie der unbelebten Welt.

Für die in aller Regel im Banne ihrer (selbst gestellten) „Uhren" handelnden und wandelnden Menschen aber entfaltet sich die Ordnung ihres Schicksals in jenen „Figuren", von denen der Dichter Rainer Maria Rilke in den „Sonetten an Orpheus" sagt, „dass sie mit kleinen Schritten geh'n/neben unserem eigentlichen Tag."

Mit anderen Worten: Während wir Menschen uns in mehr oder minder ausgeprägtem Maße als Regisseure unseres Schicksals wähnen, enthüllt und erfüllt sich durch unser Tun und Lassen hindurch die wahre Ordnung unseres Schicksals – eine Sichtweise, die wohl nicht zuletzt von Astrologen geteilt werden dürfte. Mit Fug und Recht lässt sich unter diesem Blickwinkel konstatieren, dass „Ordnung" tatsächlich weit mehr als das geradezu sprichwörtliche „halbe Leben" ist – dass wir (ob uns dies nun bewusst ist oder nicht) letztlich gar nicht aus „unserer", und schon gar nicht aus der universalen Ordnung fallen *können*, so vordergründig „unordentlich" unser Leben oder das Leben der familiären und sozialen Gruppierungen, denen wir uns zugehörig fühlen, sich auch anfühlen mag. Ganz unabhängig davon also, ob wir Menschen an einen „persönlichen", in die Geschicke der Welt potentiell eingreifenden Gott glauben oder ob sich unsere Gottesvorstellung auf einen bloßen Schöpfergott beschränkt und wir mit Baruch de Spinoza von „Deus sive natura" (lat. Gott oder die Natur) sprechen wollen, bleiben wir doch stets im Sinne des allgegenwärtigen Gemeinspruches stets und unausweichlich „in Gottes Hand". Jede aufrichtige, d.h. nach bestem Wissen und Gewissen erfolgende Bemühung um die Wahrung oder Wiederherstellung einer als situationsgerecht erkannten oder doch empfundenen Ordnung mag insofern als eine Art von „Gottesdienst" betrachtet werden. Und dies selbst dann, wenn der große Unbekannte es zulässt, dass der „Durcheinanderwerfer" unser Leben mit oder ohne Erfolg in Unordnung zu bringen versucht. Jenseits aber solch' individueller Bemühungen um die Entfaltung und Gestaltung lebensgerechter Daseinsstrukturen bleibt abschließend noch einmal festzuhalten, dass sich die Schicksalsordnung unseres wie jeglichen Lebens sowohl

IX. Ordnung als Schicksal der Welt

materiell als auch ideell im Spannungsfeld zwischen dem – uns bestenfalls in vagen Umrissen erkennbaren – Punkt Alpha der Schöpfung und einem Punkt Omega entfaltet, über dessen Erscheinen, Beschaffenheit und Folgen die Einen auf tradierte Glaubenswahrheiten vertrauen dürfen und die Anderen, weniger Glaubensfeste mehr oder minder vage Mutmaßungen anzustellen pflegen, die ihnen dann aber zumeist auch nicht ihre „Seelenruhe" rauben.

Denken und Danken

Denken und Danken –
Garanten individueller und kollektiver
Ordnung

Die Anregung zu diesen Überlegungen verdankt der Autor einerseits seinem Namen und andererseits dem früheren Präsidenten der Türkischen Republik Nordzypern, Rauf Denktasch (1983-2005), der ihn 1998 mit einer Delegation der Münchner Hochschule für Politik in seiner Residenz in Nicosia empfangen und zu einem Mittagessen eingeladen hatte. Da wir einen Teil unserer Namen teilten, fragte ich ihn nach der Bedeutung seines Familiennamens. Dass der Name Tasch (Taş) türkischen und letztlich persischen Ursprunges ist, und im Türkischen Fels und/oder Stein bedeutet und seine Wurzel im nordpersischen Ar-tasch (Feuer) hat, war mir bekannt, nicht aber, was das Präfix „Denk" zu bedeuten hatte. Und darüber wurde ich nun wenigstens ansatzweise aufgeklärt. Der Name, so Denktasch, bedeute „der aufrecht stehende Fels" – eine schöne Namensdeutung für eine zwar umstrittene, aber markante, in ihren politischen Überzeugungen unerschütterliche Persönlichkeit, die zu jener Zeit einen klaren Kurs steuerte und für Zypern eine Föderation der beiden Landesteile anstrebte, was jedoch am Widerstand der griechischen Süd-Zyprioten scheiterte.

Mit dieser Episode hatte es zunächst sein Bewenden. Die damalige Auskunft ging mir aber nie aus dem Sinn. Als sich dann später die Gelegenheit fand, dem für mich „denkwürdigen" Präfix weiter nachzuforschen, erfuhr ich, dass es im Türkischen eine ganze Sprachgruppe gibt, deren Sinngehalt um den Begriff des Gleichgewichtes kreist: „*Denklitz*" bedeutet Gleichgewicht, Ausgleich und Gleichwertigkeit, *denklem* die Gleichung, *denklemek* ausgleichen, ausbalancieren, *denklestirmek* ins Gleichgewicht bringen. Was all' diese Begriffe verbindet, ist das Präfix *denk*, das soviel wie ‚zueinander passend, gleich' bedeutet. Dieser, türkischen Freunden zu verdankende Befund war mir zwar sehr interessant, weil er einen Bedeutungszusammenhang dieser Wortgruppe zu dem deutschen Verb „denken" erkennen ließ, die naheliegende Frage nach der direkten sprachlichen Herkunft des deutschen Begriffes aber schon deshalb nicht ohne weiteres beantworten konnte, weil das Türkische – im Gegensatz zum Persischen – nicht der indogermanischen Sprachenfamilie zuzurechnen ist, wenngleich es von persischen Sprachintarsien durchsetzt ist, die sich in der Regel historisch erklären lassen. Um eine sprachgeschichtlich stimmig nachvollziehbare Verbindung zwischen der um das türkische Präfix „denk" kreisenden Wortgruppe zum deutschen Verb „„denken" nachweisen zu können, galt es nun also, das *missing link* zum Persischen zu finden. Und dies umso mehr, als das Sprachlexikon „Der Große Duden" (Bd. 7, Etymologie), Mannheim 1963) das deutsche Zeitwort „denken" ohne weitere Angaben auf die indogermanische Wortwurzel *teng* (= empfinden, wissen) zurückführt. Einen weiteren Hinweis lässt sich dem von

Mustafa Nihat Özon herausgegebenen Sprachlexikon „Osmanlica/Türkçe Sözluk" (Istanbul 5. Aufl. 1973) entnehmen, das „denk" oder „deng" auch für das *Farsi*, die ursprünglich aus dem südiranischen Kernland Fars (Pars) mit der Hauptstadt Schiras stammende, im alt-, mittel- und neupersischen Reich gesprochene heutige Amtssprache im Iran, in Afghanistan und in einer Variation auch in Tadschikistan. Darüber, was „denk" oder „deng" im Persischen bedeutet, gibt dieses Lexikon allerdings keine Auskunft. Weiterhelfen konnte schließlich ein Internet-Lexikon, das *deng* in der (wohl adjektivisch und adverbial einsetzbaren) Bedeutung von „bequem", „behaglich" und sogar „gemütlich" angab.

Bei der weiteren Spurensuche fand ich auch im Sanskrit, dem gemeinsamen Wurzelgrund der indogermanischen Sprachenfamilie, zu der auch das Persische zählt, keine direkte semantische Entsprechung, immerhin jedoch statt einer Sprach- eine Sinnbrücke. Für „denken, überlegen, erwägen, wissen" steht im Sanskrit – sowohl als Verb als auch als substantiiertes Verb – „Manas" oder auch nur „Man" – ein Begriff, der in einer unverkennbaren Beziehung zur altgermanischen Rune „Man" steht, der fünfzehnten des achtzehngliedrigen nordischen Runenalphabets (Futark). Die Rune „Man" nämlich galt den Germanen als Rune der Erleuchtung, schafft mithin eine Sinn-, nicht aber eine Sprachbrücke zu „denk", „deng" und „teng".

Auch ohne Bestimmung der genauen semantischen Aszendenz lässt sich jedenfalls der Bedeutungszusammenhang zwischen dem deutschen Verb „denken" und den türkischen Wortbildungen mit dem Präfix „denk" festhalten. Und dieser Zusammenhang ist überdeutlich. Was Anderes nämlich bedeutet „denken" (bzw. to think) als den steten Versuch, die Lebenszusammenhänge, in die man verstrickt ist oder die Entwicklungen, mit denen man konfrontiert wird, in eine überschaubare Ordnung zu bringen. Indem man die jeweiligen Fakten und Entwicklungen be-denkt, bemüht man sich, sie nicht liegend und nicht schief, sondern eben im Sinne von Rauf Denktaschs Definition „aufrecht stehend" zu sehen und so mit dem in den genannten türkischen Begriffen stets angedachten Gleichgewicht der betrachteten Lebensverhältnisse auch sich selbst im inneren Gleichgewicht zu halten oder ins Gleichgewicht zu bringen. Wo nämlich hat sich das „Denken" dringlicher zu bewähren als dort, wo etwas in Unordnung bzw. ins Schwanken und Wanken geraten ist, wo die Verhältnisse (in der Betrachtung wie im eigenen Gemüt) wieder gefestigt werden müssen, und Schräges aufgerichtet und begradigt werden muss. Vielfältig und allgegenwärtig sind schon im Alltag die Ordnungs- und Ausgleichsaufgaben, die sich entscheidungsorientiertem Denken stellen. In allen Lebensbereichen gibt es etwas zu be-denken, um körperlich, geistig und seelisch aufrecht stehen zu können. Auch dort, wo unausgewogenes „Denken" zu menschlichem „Dünkel" geführt hat (wobei hier schon die Pünktchen die Abartigkeit einer solchen Abweichung vom Normal- und Idealzustand signalisieren) gilt es wieder, etwas ins Gleichgewicht zu bringen. Nicht zuletzt dort hat sich die Gleichgewichtsarbeit zu bewähren, wo gegensätzliche oder überschwängliche Regungen durch mäßigende Gedanken zum Ausgleich gebracht werden müssen, um

„beständig" werden und sein zu können. Und dies kann auch für Gegenständliches gelten. Auch das „Dengeln", das Zusammenziehen, Zurechtklopfen und Auswetzen einer uneben, schartig oder stumpf gewordenen Sichel oder Sense dürften in den indogermanischen Wurzelworten „ten" und „deng" ihren Ursprung haben.

Ein Wahrnehmungs- und Erfahrungsfeld, auf dem ausgleichendes Denken und daraus folgendes Handeln besonders gefordert ist, eröffnet sich aber auch dort, wo das Ungleichgewicht durch ein eindeutig erfreuliches Ereignis entstanden ist, weil man ein überraschendes oder doch in dieser Größenordnung nicht erwartetes, gleichwohl willkommenes Geschenk oder eine sonstige Wohltat erfahren hat und nun das Bedürfnis empfindet, das Gleichgewicht zwischen Geben und Nehmen wieder herzustellen, indem man – und sei es auch nur mit Worten – sein Wohlgefallen zum Ausdruck bringt. An dieser Stelle wechselt die mentale Bewegungsform des Denkens in die emotionale Wahrnehmungsform des „Dankens" und kleidet sich in die Ausdrucksform des Dankes. Den Dank für eine erwiesene Wohltat zum Ausdruck zu bringen, ist mithin nicht nur „höchst anmutig" (J.W. Goethe), sondern auch höchst notwendig um nicht nur das zwischenmenschliche Gleichgewicht, sondern auch dessen Spiegelung im eigenen Bewusstsein als Wohltat erfahren zu können. In aller Regel verletzt Undankbarkeit den Undankbaren nicht weniger schmerzlich als den ohne Dank gebliebenen Wohltäter. Auch sein Gleichgewicht gerät dann oft ins Wanken.

Wer das Verhältnis von Schenkendem und Beschenktem, von Gabe und (Dank als) Gegengabe nüchterner, d.h. eher funktional als emotional zu betrachten geneigt ist, wird sie im Lichte dessen sehen, was in der Rechtsphilosophie als *iustitia commutativa*, als Tauschgerechtigkeit also, firmiert. An der strukturellen Wertigkeit dieser Wechselbeziehung freilich ändert dies wenig. Und dies nicht zuletzt deshalb, weil Undank nicht nur einen Mangel an Selbstbewusstsein, sondern auch einen Mangel an Selbstachtung und Stärke erkennen lässt – erkennen lässt, dass der Undankbare weder die Stärke hat, eine Wohltat „aufrecht stehend" anzunehmen, noch sich ihrer durch eine angemessene Dankesgeste würdig zu erweisen. Wer „dankt" nämlich „denkt" – oder hat gedacht. Der Dichter August von Kotzebue war es, der dankbare Menschen „als fruchtbare Felder" sah, die „das Empfangene zehnfach zurück(geben)". Der Umkehrschluss liegt nahe.

Die Bandbreite der Anlässe für Dankbarkeit und mithin der Adressaten des Dankes folgt der Reichweite der mentalen Wahrnehmungs-, Erfahrungs- und Vorstellungsfähigkeit der (ihre Mitmenschen) „Bedenkenden" wie der von ihnen „Bedachten". Und auch dabei gilt es, auf beiden Seiten Mitte und Maß zu wahren, um das letztlich erstrebte Gleichgewicht zu erhalten oder (wieder-)zugewinnen. „*Kleine* Geschenke erhalten die Freundschaft" weiß ein Sprichwort. Was es verschweigt, aber unausgesprochen als potentieller Umkehrschluss mitschwingt, ist die Erfahrung, dass man sich mit großen (und seien es auch Dankes-)Geschenken in eine psychologische Gefahrenzone begibt, den Bedachten vielleicht in Verlegenheit bringt, weil sein mutmaßliches Aus-

Denken und Danken

gleichsbedürfnis wegen der Größe der Gabe nicht befriedigt werden kann oder gar hintergründig-eigensüchtige Absichten vermutet werden könnten. Nicht von Ungefähr mahnt daher Joachim Ringelnatz in seinem Gedicht über das Schenken: „Schenke groß oder klein/aber immer gediegen/wenn die Bedachten die Gaben wiegen/sei dein Gewissen rein." Und Entsprechendes gilt selbstverständlich auch für den Dank. Auch er muss situationsgerecht gestaltet werden, das „nach Zahl, Maß und Gewicht" der Größenordnung der Gabe und den eigenen Möglichkeiten angemessene Gleichgewicht wahren - muss „aufrecht" stehen können.

Das Gesagte gilt im Übrigen nicht nur für Individuen, sondern auch für Kollektive jeglicher Größenordnung bis hin zur Staatsgemeinschaft. Auch sie schuldet einzelnen Persönlichkeiten oder Gruppierungen, die sich in besonderem Maße für das gesellschaftliche Gemeinwohl einsetzen oder eingesetzt haben einen zumindest ideellen, falls erforderlich aber auch materiellen Ausgleich für ihr „Sonderopfer". Klassisches Beispiel hierfür ist die Fürsorge für Verteidiger des Vaterlandes in Kriegszeiten und deren Hinterbliebenen oder auch ehrenamtlich soziale Aufgaben übernehmende Bürger. Auch ihnen gebührt gesamtgesellschaftlicher Dank und Anerkennung.

Dies jedenfalls gilt für den zwischenmenschlichen Lebensbereich. Wer freilich als Einzelner das Bedürfnis verspürt, „dem Himmel" und/oder seinen Bewohnern für eine wie auch immer geartete Lebensgabe, für die Errettung aus einer Notlage oder gar für sein ganzes persönliches Schicksal danken möchte, braucht solche Erwägungen nicht zu anstellen. Wie in seiner ganzen Lebensanschauung ist er auch bei der Gestaltung seines Dankes „nach oben offen", wie es der englische Philosoph Thomas Hobbes (1588-1679) einst formulierte.

Soviel jedenfalls scheint gewiss: Wo auch immer sich der soziale und geistige Standort der sich „zu Dank verpflichtet" Fühlenden (wie sprechend doch diese Redewendung!) befinden mag und wie auch immer ihre rationalen oder emotionalen Hintergrundmotive beschaffen sein mögen – vordergründig jedenfalls erfolgen ihre Dankesbemühungen in aller Regel in dem Bewusstsein und aus dem Impuls heraus, etwas aus einer Schieflage befreien, Unebenes zum Ausgleich und damit ihren Mikrokosmos wieder in Ordnung bringen zu müssen. Das Denken und das Danken verbinden sich so in ihrem letztlich unaufhebbaren Doppelsinn.

Lob der Freundlichkeit

Lob der Freundlichkeit
oder: Vom Zauber des Lächelns

Hätte man den Autor vor einigen Jahrzehnten nach seinen Assoziationen zum Begriff des Lächelns gefragt, so hätte er wahrscheinlich an Franz Léhars Operette „Land des Lächelns" gedacht, die ihn als jungen Mann aus verschiedenen Gründen sehr berührt hatte. Damit verbunden freilich war das Eintauchen in eine ganz andere Mentalität und Sozialkultur – eine Kultur, in der das Lächeln zum anerzogenen „guten Ton" gehört und eine gute Portion Stoizismus sowohl voraussetzt als auch einschließt. Nicht von Ungefähr ist sowohl die Thematik als auch der Grundton dieser Operette auf die Maxime eingestimmt „Immer nur lächeln trotz Weh' und Schmerz".

Die philosophischen Hintergründe dieser Haltung lassen sich unschwer im dort vorherrschenden Buddhismus und der ihm eigenen Karma-Lehre finden. In Léhars „Land des Lächelns" – dem früheren Siam und heutigen Thailand, aber auch anderen Ländern Südostasiens – wird man dieser Haltung auch heute noch begegnen, wenn die Globalisierung auch unverkennbare Breschen in diese „Seelenmauer" geschlagen hat.

Der abendländischen Mentalität freilich ist diese Haltung gänzlich fremd. Und auch dies vor dem Hintergrund einer ganz anders gearteten Religionskultur, deren ethischer Dualismus und eschatologischer Determinismus ganz andere Verhaltensweisen fordert und fördert. Und doch hat das Lächeln (vielleicht gerader deshalb) auch hier einen hohen Stellenwert. Kaum eine andere menschliche Erscheinungsweise dürfte auch im euroamerikanischen Kulturkreis derart willkommen sein als ein freundliches Lächeln. Uns entgegengebrachte Freundlichkeit signalisiert von vorneherein Gefahrlosigkeit, Offenheit und Zuwendung. Und dies umso mehr, wenn diese Verhaltensweise als spontan und natürlich empfunden wird. Menschen, denen diese Gabe freundlicher Zuwendungsbereitschaft eignet, wird gemeinhin ein „gewinnendes" (die Sympathie ihrer Mitmenschen gewinnendes) Wesen zugesprochen. Goethes Mutter, die allseits beliebte „Frau Rath", scheint diese Gabe besessen zu haben. Das Selbstzeugnis von „Frau Aja" – dies ihr Spitzname – ist in die Literaturgeschichte eingegangen. In einem Brief vom 8. September 1807 an ihren Sohn und dessen Frau Christiane Vulpius attestiert sie sich „Herzhaftigkeit und Frohsinn". Und in einem anderen ihrer zahlreichen erhaltenen Briefe erklärt sie ihre Beliebtheit damit, dass sie „allen Adams und Evens Töchtern" wohlgesonnen sei und sie (sinngemäß) so hinnehme, wie sie eben ge- und beschaffen seien. Was Frau „Ajas" Selbstzeugnisse so anrührend wirken lassen, ist die uneitle Gesinnung, die aus ihren schlichten, den Adressaten liebenswürdig zugewandten Briefen spricht.

Selbstverständlich ist die Betonung einer *allen* Mitmenschen zugewandten Freundlichkeit schon sprachgeschichtlich keineswegs. Ursprünglich war der „frijonde" (gotisch) oder „friunt" (althochdeutsch) nur der Blutsverwandte und Sippenangehörige. Erst nach und nach hat sich das von ihm oder ihr erwartete wie auch geschuldete „freundliche" Verhalten dann auch semantisch ausgeweitet. Und dies sicher auch mit (indirekter) Mithilfe liebenswürdiger Persönlichkeiten von der Art der „Frau Rath".

Eigentlich, so möchte man meinen, müsste es doch ganz einfach sein, eine solche mitweltfreundliche Haltung einzunehmen. In der Grundschule „Am sonnigen Winkel" nahe des Stuttgarter Kräherwaldes sangen wir Zweit- und Drittklässler der unmittelbaren Nachkriegsjahre jeden Morgen, neben unseren Holzpulten stehend, den Kanon „Froh zu sein, bedarf es wenig/Und wer froh ist, ist ein König".

Darüber, dass Frohsinn und Freundlichkeit Geschwister sind, wird man sich schnell verständigen können. Schwerer fallen dürfte es allerdings, ohne Weiteres der Annahme zuzustimmen, dass es ganz einfach sei, diese Geistes- und Seelenhaltung einzunehmen. Was für den Einen gilt, muss noch lange nicht für den Nächsten gelten. Wer ein „sonniges Gemüt" hat, wem eine warmherzige, zuversichtliche Ausstrahlung eignet, für den bedarf es wohl in der Tat „wenig", froh und freundlich zu sein. Wer hingegen eher schwermütig veranlagt ist, vielleicht auch noch in düsteren Verhältnissen aufgewachsen ist und/oder im späteren Leben viel Widriges erfahren hat und weiterhin erfährt, dem wird es „im Zweifel" (wie die Juristen sagen) sehr viel schwerer fallen, eine solche menschenfreundliche Haltung an den Tag zu legen. Sicher ist aber auch dies nicht. Für manche Menschen gilt vielmehr das alte Wort „Per Aspera ad Astra" (lat. durch das Bittere hindurch zu den Sternen"). Ich erinnere mich an ein mich tief beeindruckendes Erlebnis beim Besuch einer Kleinstadt im nordamerikanischen Bundesstaat Maine. An einem kühlen, grauen Septembermorgen kam mir beim morgendlichen Gang durch das Städtchen auf dem Gehweg ein auf einem Brett mit vier Rollen liegender und sich mit den behandschuhten Handflächen am Boden weiterziehender, beidseitig Beinamputierter entgegen, der mit unverkennbar strahlender Miene im Weiterrollen immer wieder lauthals rief: „Good morning everybody, good morning everybody!"

Psychoanalytiker mögen Derartiges vielleicht als mehr oder weniger verzweifelte Überkompensation des eigenen Elends diagnostizieren. Mit solchen Worten und Begriffen freilich versperrt man sich wohl eher den Zugang zu solchen, allen Erfahrungen des täglichen Lebens widersprechenden, geradezu „wunderbaren" Verhaltensweisen.

Über die Begegnung mit solchen Wundern berichtet u.a. die in dunkler Zeit zwangsläufig zur Weltreisenden gewordene österreichische Autorin Joe Lederer (1907-1967) in einem Erzählungsband mit dem Titel „Von der Freundlichkeit der Menschen". Auch in diesem charmant geschriebenen Erfahrungsbericht sind es nicht auf der Sonnenseite des Lebens Flanierende, sondern eher im Souterrain der Gesellschaft Überlebende, die sich zu überraschenden Freundlichkeitsbeweisen aufschwingen und dann nicht nur eine – zuvor in Unordnung geratene – Situation wieder ins Lot bringen, sondern auch noch mit dem Zauber des Unerwarteten vergolden.

Wer andererseits davon ausgeht, dass Diejenigen, die guten Grund hätten, sich als vom Schicksal Begünstigte zu betrachten, diesen Befund stets in eine lebensfrohe und mitweltfreundliche Haltung einfließen zu lassen, mag dies zuweilen bestätigt finden, wird aber oft genug auch eines Besseren belehrt. Während der Niederschrift dieser Überlegungen stieß ich zufällig auf ein Interview der Augsburger Allgemeinen vom 04.02.2023 mit dem erfolgreichen, wenn auch wegen fragwürdiger Grenzüberschreitungen ins Gerede gekommenen französischen Schauspieler Gerard Depardieu, der zum Ausdruck brachte, dass er im Leben so viel Glück erfahren habe, dass es für ihn geradezu eine Verpflichtung gewesen sei, „das Leben anzulächeln". Und dieses Lächeln wiederum habe ihm den Geschmack am Leben bewahrt. Andere wiederum, denen das Leben nichts versagte, verfielen einem Weltekel, der jegliches Lächeln auf ihren Zügen ersterben ließ. Und wie das Beispiel des augenscheinlich frohgemuten Beinamputierten und der von Joe Lederer erlebten Freundlichkeits-Wunder belegen, kann man auch nicht davon ausgehen, dass alle vom Schicksal Geschlagenen oder von Widrigkeiten Verfolgten in ständige Griesgrämigkeit oder sonstige seelische Düsternisse verfallen.

Warum die Einen *so* und die Anderen *so* mit dem ihnen Widerfahrenen und Widerfahrenden umgehen, wird für ihre Mitwelt höchstenfalls annäherungsweise erkennbar oder doch erahnbar sein. Zu erwartende Reaktionsweisen lassen sich zwar nach empirischen Wahrscheinlichkeitskriterien sortieren, niemals aber zuverlässig prognostizieren. Zu groß ist die Vielfalt der menschlichen

Charaktere und deren Umgang mit der Komplexität des jeweiligen eigenen Schicksals.

Vergleichsweise beständig freilich ist der normative Horizont, an dem sich die mit ihrem Schicksal Hadernden orientieren können. Am einen Ende des Ermutigungsbogens steht der schlichte Appell an das menschliche Gemüt, am anderen Ende ein ganzes Bündel von Vernunftgründen. Zum geflügelten Wort wurde um die vorletzte Jahrhundertwende des heute weitgehend in Vergessenheit geratenen schwäbischen Dichters Cäsar Flaischlen (1864-1920) poetische Aufforderung „Hab' Sonne im Herzen":

„Hab' Sonne im Herzen,
ob's stürmt oder schneit,
ob der Himmel voll Wolken,
die Erde voll Streit.
Hab' Sonne im Herzen,
dann komme, was mag,
[dann]leuchtet voll Licht dir
der dunkelste Tag."

Woher der Dichter die Kraft zu diesem ebenso schlichten wie eindringlichen Appell nahm, wissen wir nicht. Was wir aber wissen, ist, dass vielen Menschen diese Sonne nicht oder nur selten im und aus dem Herzen leuchtet. Nicht zuletzt an sie richtet sich die ermutigende Lebensphilosophie vieler Dichter und Denker. Besonders schnell fündig wird, wer sich auf der Suche nach solchen Brückenbauern schon in der Antike bei den nachklassischen griechischen und römischen Philosophenschulen der Epikuräer und der Stoiker umschaut – bei dem römischen Autor Epiktet (ca. 50 n. Chr. – ca. 138 n. Chr.) etwa, einem phrygischen Sklaven, dessen „Handbüchlein der Ethik", das *Enchiridion*, selbst der Philosophen-Kaiser Marc Aurel (121 n. Chr. -180 n. Chr.) lobend erwähnt. Auf besonders eindrucksvolle Weise freilich begründet der später in Ungnade gefallene und zum Tode verurteilte Kanzler des Ostgotenkönigs Theoderich, Boethius, in seinem „Trostbuch der Philosophie" (*De consolatione philosophiae*), warum sich niemand über sein Schicksal beklagen sollte und warum man auch gut daran tut, dem Leben ein freundliches Gesicht zu zeigen.

Es sind aber nicht nur die wohlbegründeten Erwägungen hehrer Philosophen, sondern nicht zuletzt auch die sich als „Weisheit auf der Gasse" präsentierenden Spruchweisheiten, die das Lob der Freundlichkeit singen. „Ein freundlich Gesicht – das beste Gericht" lautete eine Inschrift im früheren Berliner Ratskeller. Ähnlich klingt eine Spruchweisheit aus dem frühen 18. Jahrhundert: „Zucker und sich freundlich weisen/dient zur Würz in allen Speisen". Und schon im 17. Jahrhundert wusste ein Reimspruch: „Freundlich mit Worten, geschwind mit dem Hut/Das kostet wenig und ist gar gut". Auch Spruchweisheiten dieser Art enthalten eine direkte oder indirekte Begründung für die aus ihnen sprechenden Empfehlungen, gehören also zur Kategorie der Vernunftbrücken zu freundlichem Verhalten. Und dies wohl nicht zuletzt im Hinblick auf die Erfahrung, dass die Wiegengabe eines „sonnigen Gemütes" doch eher die Ausnahme als die Regel darstellt und die nicht mit dieser charismatischen Mitgift Gesegneten stets aufs Neue davon überzeugt werden müssen, sich derart „gefällig" zu verhalten.

„Gefällig" nämlich – auch dies gehört zu einem als freundlich empfundenen Verhalten – ist jenseits aller Zuwendungsrhetorik die Achtsamkeit im Umgang des Menschen mit seinem sozialen Umfeld. Zu dieser Achtsamkeit gehört nicht zuletzt die Fähigkeit zu mitfühlender Anteilnahme am Geschick und an den Lebensinteressen der Menschen, zu denen man – durch welche Umstände auch immer – in näheren Kontakt kommt. Dies setzt nicht zuletzt die Bereitschaft voraus, zuzuhören und das eigene Mitteilungs- und Selbstdarstellungsbedürfnis soweit einzuhegen, dass sich im Gedankenaustausch mit der Bedürfnis- und Interessenlage des jeweiligen Gegenübers eine gefühlte Win-Win-Atmosphäre zu entwickeln vermag. Ohne den allseitigen Einsatz einer wenn nicht angeborenen oder durch eine behutsame Erziehung geförderten, so doch vielleicht durch eine einsichtsvolle Weiterentwicklung erworbenen Taktgefühls wird es freilich nicht leicht sein, ein solches harmonisches Miteinander zu erreichen. Wer es versteht, sich in dieser Weise auf den Gefälligkeitspfad zu begeben und dies zu einer zwanglosen Verhaltensgewohnheit werden zu lassen, wird überall willkommen sein.

Auch bei einem solchen Zugang auf dem „zweiten (Charakter-)Bildungsweg" lauern allerdings selbst für Gutwillig-Bemühte unverkennbare Gefahren. Auch hier – wie in Allem – gilt es Mitte und Maß zu bewahren. Auch der zu Freundlichkeit Geneigte braucht nicht *contre coeur* zu handeln, sollte nicht versuchen, „Jedermanns

Darling" zu sein, nicht auch dann noch Schönwetter zu künden, wenn es unverkennbar hagelt. Auch mit alllzu bemühter Freundlichkeit kann man über das Ziel hinausschießen. Nur allzu schnell mag dann die hässliche Rede von der „Scheißfreundlichkeit" im Raum stehen. Gemeint ist damit eine übertriebene, nicht aus offenem Herzen kommende, sondern vielmehr „aufgesetzte", bestenfalls aus Unsicherheit, Schüchternheit oder sonstwie mangelnder Sozialkompetenz resultierende, schlimmstenfalls in Verfolgung eigensüchtiger Ziele an den Tag gelegte „künstliche" Freundlichkeit. Zwar ist nicht jede Maskerade (und schon gar nicht für eine Jede und einen Jeden) durchschaubar, aber zumeist spürt man schon, was echt und was nicht echt ist. Im letzteren Fall gilt dann für den mit einer fragwürdigen Festtagsmiene Konfrontierten Goethes Tasso-Maxime: „Man merkt die Absicht und man ist verstimmt." (II,1). Eine Reaktion dies, die dann höchst angebracht wäre, weil es dem mit falscher Freundlichkeit Bedachten sonst ergehen könnte wie auf der Jagd so manchem Igel, der – von einem Jagdhund mit einem warmen Segen aus dessen Blase bedacht – sich aufrollt und dann gebissen wird...

Wer André Comte-Sponvilles unter dem Titel „Ermutigung zum unzeitgemäßen Leben" segelndes „kleines Brevier der Tugenden und Werte" aufschlägt, wird vergeblich nach dem Begriff der ‚Freundlichkeit' suchen. Misst man jedoch die hier ins Blickfeld gerückte Gesinnungs- und Erscheinungsweise an den dort erörterten Tugenden und Schein-Tugenden, so wird man schnell entdecken, dass sie an allen dort kommentierten Verhaltensnormen teilhat. Wer sich freundlich zeigt, wird es nie an „Höflichkeit" mangeln lassen und wird nie zu Grobheit, sondern eher zu „Sanftmut" neigen. Auch wird freundliches Verhalten stets ein – je nach konkretem Anlass gewichtetes – Quantum an „Großherzigkeit", „Dankbarkeit", „Toleranz", „Mitleid" und „Nächstenliebe" in sich tragen. Und dass der wahrhaft Freundliche sich unklug, unmäßig oder ungerecht verhält ist ebenfalls schwer vorstellbar.

Recht besehen lässt sich Freundlichkeit mithin als das lächelnde Gesicht aller sozialen Tugenden verstehen. Leicht beschreitbar ist daher auch die Brücke, die von solchen Überlegungen zu der nachdrücklichen Empfehlung zahlreicher Weisen aller Zeiten führt, der Welt ein freundliches Gesicht zu zeigen, das Leben zuerst im eigenen Inneren und dann auch nach außen hin anzulächeln. Gelingen wird dies wohl nur denjenigen, die es verstehen, auch mit sich selbst freundlich zu sein. Übertrieben allerdings schien mir stets die in esoterischen Kreisen nicht selten gehörte Aufforderung, sich selbst zu lieben. Abgesehen von Jenen – von des Gedankens Blässe wenig angekränkelten – Zeitgenossen, die dies ohnedies im Übermaß tun, werden die meisten Menschen ab und zu hinreichenden Grund sehen, mit sich selbst unzufrieden zu sein oder gar mit sich zu hadern. Aber auch hier gilt das „Ne quid nimis" (Nichts zu viel) der römischen Philosophen. Selbstkritik mag hie und da angebracht sein, sollte aber in ein konstruktives Bemühen um Ausgleich münden und nicht in dauernde Unzufriedenheit mit sich selbst, die dann oft genug mit einer Abreaktion nach außen endet. Die Welt und das Leben anzulächeln vermag mithin nur, wer es versteht, auch sich selbst anzulächeln. Wem dies *partout* nicht gelingen will, dem sei geraten, es einfach zu versuchen und dann zu sehen, was mit ihm selbst und mit dem Nächsten geschieht. Dass es sich bei diesem Lächeln nicht unbedingt um ein aus tiefsten Tiefen aufsteigendes Lächeln ‚erster Klasse', ein (nach dem französischen Physiologen Duchenne benanntes) „Duchenne-Lächeln" handeln muss, sei gleich vorweg betont. Ein solches nämlich kann nur durch das Zusammenspiel zahlloser unwillkürlich ablaufender somasematischer Prozesse entstehen, nicht aber willkürlich hervorgerufen werden. Schon ein einem warmherzigen Impuls entspringendes Lächeln dürfte aber in aller Regel genügen, um eine - zumindest tendenziell - freundliche(re) Atmosphäre zu fördern. Wer seiner Mitwelt ein solches Lächeln schenkt, wird in aller Regel erfahren, dass es ansteckend wirkt, den Adressaten erfreut und einen selbst über dessen mutmaßliche Reaktion die Welt freundlicher erscheinen lässt. Dank der umfangreichen Forschungen des amerikanischen Psychologen Paul Ekman nämlich ließ sich inzwischen die alte Volksweisheit auch wissenschaftlich bekräftigen, dass ein eigenes Lächeln es vermag, sich selbst in eine gute Stimmung zu versetzen. Zwar können wir nicht einfach entscheiden, glücklich zu sein; durch unsere Verhaltensweisen können wir aber sowohl indirekt als auch direkt versuchen, eine freundliche Atmosphäre zu fördern.

Dasselbe empfiehlt sich aber auch dann, wenn man zwar selbst zu einem solchen Verhalten neigt oder sich aufgrund einschneidender Lebenserfahrungen dazu durchgerungen hat, man bei seiner Um- und Mitwelt aber auf starre Mienen und taube Ohren stößt oder gar mehr oder minder barsch zurückgewiesen wird. Zumal dann, wenn man ohnedies zu einem anthropologischen Skeptizismus à la Hobbes und Machiavell tendiert, mag die Versuchung groß sein, es aus dem Wald der eigenen verletzten Gefühle in ähnlicher Weise zurückschallen zu lassen wie hineingerufen wurde. Ratsamer als mit gleicher Münze zu zahlen ist es dann aber wohl, sich „unmerklich zurückzuziehen", wie schon der Freiherr von Knigge in seinem Buch „Über den Umgang mit Menschen" empfiehlt. Er folgte damit der Empfehlung des Vorsokratikers Pythagoras (ca. 570 v. Chr. – ca. 497 v. Chr.), das zu fliehen, was man nicht ausgleichen könne. Andererseits kann es sich aber auch als lohnend erweisen, einer solchen naheliegenden Versuchung zu widerstehen. Wer sich im Griff hat, mag sich dann auf den Weg vieler fernöstlicher Kampfsportarten besinnen, in deren Mittelpunkt die Bemühung steht, die (woraus auch immer erwachsende) Angriffsenergie des jeweiligen Gegners zum Aufbau eigener Gegenenergie zu nutzen. Auch im Segelsport entsteht beim „Kreuzen" gegen den Wind Antriebsenergie. Und ohne Gegenwind wäre auch der Flug der „Kant'schen Taube" nicht möglich.

Mit anderen Worten: In einer spannungsgeladenen zwischenmenschlichen Situation mag unaufdringlich-gelassene Freundlichkeit entspannend wirken, weil sie die gegnerische Energie nicht einfach ins Leere laufen lässt, sondern vielmehr auffängt und, verwandelt, umkehrt. Nicht immer, aber oft genug, mag damit eine völlig neue Ausgangslage geschaffen werden – ein neuer „Anfang", dem im Sinne von Hermann Hesses Stufengedicht ein

Lob der Freundlichkeit

„Zauber" innewohnen kann. Alles und Jegliches nämlich, was geschieht, hat Konsequenzen – Konsequenzen, die zuweilen eine erstaunliche Dynamik zu entwickeln vermögen. Die Magie eines unerwartet freundlichen Wortes oder Lächeln bietet zumindest die Chance, vieles, wenn nicht alles zu verändern. Was C.G. Jung als das Wesen eines gelungenen Scherzes erkannte, nämlich „die jähe Wendung ins Abwegige" kann zuweilen auch in mitmenschlichen Beziehungen für einen überraschenden „Wetterwechsel" sorgen. Nicht von Ungefähr spricht man von einem „entwaffnenden Lächeln". Existentielle Konfliktsituationen lassen sich damit wohl selten von jetzt auf nachher auflösen. Eine atmosphärische Verbesserung, die Bereitschaft, aus einem Zustand feindseliger Sprachlosigkeit oder gar Aggressionsbereitschaft wieder auf eine Gesprächsebene zurückzufinden, mögen freundliche oder auch nur verständnisvolle Gesten aber sehr wohl bewirken. Belege für die Richtigkeit einer solchen Annahme lassen sich auf allen Ebenen des sozialen und politischen Lebens finden – in einer verkorksten familiären Situation, bei Nachbarschaftskonflikten, bei wirtschaftlichen Konkurrenz- und sportlichen Rivalitätskämpfen und in seltenen Fällen zuweilen selbst auf der Ebene zwischenstaatlicher Diplomatie, wenn politisches Taktgefühl den Weg ebnet und die „Chemie" zwischen den Protagonisten stimmt. Im Hinblick auf die „große Politik" denke man nur an De Gaulles Hoch auf die deutsch-französische Freundschaft, an Kohls und Mitterands Hand-in-Hand-Auftritte oder Willy Brandts Kniefall in Warschau – Symbolgesten all' diese, die zu ihrer

Zeit im Rückblick auf eine düstere Vergangenheit eine neue Ära des Miteinanders einleiteten.

Dass die Bemühung um freundliches Entgegenkommen auf nahezu allen Ebenen des sozialen und politischen Lebens zumindest die Chance birgt, selbst Entsprechendes zu erfahren, ist mithin unabweisbar. Der Anderen Freundlichkeit Erweisende erweist in aller Regel auch sich selbst etwas Gutes. Der Dichter Joachim Ringelnatz war es, der diesen Zusammenhang in seinem Gedicht über das rechte Schenken auf den Punkt gebracht hat. Dem kleinere oder größere Geschenke achtsam und besonnen Planenden kündigt er an „dass die eigene Freude zuvor (ihn) reichlich belohnt". Und umgekehrt wird so Mancher und so Manche nachträglich bedauern, die Gelegenheit zu freundlichem Verhalten nicht wahrgenommen zu haben. Unvergesslich ist dem Autor dieser Zeilen die Erzählung einer alten Dame, dass sie jahrzehntelang darunter gelitten habe, ihrer Mutter kurz vor deren Tod noch eine Theaterkarte abgeluchst zu haben. Reminiszenzen solcher Art dürften – mehr oder minder ausgeprägt – bei fast jeder „Gewissenserforschung" auftauchen. Wer Memoiren liest, wird solchen Bekenntnissen in mancherlei Form begegnen. In Bert Brechts Rede „An die Nachgeborenen" heißt es ausdrücklich: „Auch der Hass gegen die Niedrigkeit verzerrt die Züge", und: Die wir den Boden bereiten wollten für Freundlichkeit konnten selber nicht freundlich sein" Selbst bei diesem Großmeister der – zumindest in den Anfängen aus tiefster Überzeugung praktizierten politischen Streitkultur scheint ein bedingtes Bedauern über die eine oder andere Überspitzung mitzuschwingen. Wie immer es sich damit aber auch verhalten mag – gemeinhin dürfte der um Freundlichkeit Bemühte (wenn ihm dies nicht ohnedies ein natürliches Bedürfnis ist) den Lohn für dieses Bemühen selbst ohne äußere Anerkennung im eigenen Inneren empfangen. Und umgekehrt dürfte auch der notorisch oder doch gelegentlich Unfreundliche die Quittung für solches Verhalten selbst ohne entsprechendes Echo ebenfalls als vages oder bohrendes Unbehagen im eigenen Inneren erfahren.

Wie immer man es auch dreht und wendet: Wenn man die mehrdimensional begründbare Sehnsucht nach einem friedvollen „Leben inmitten von Leben, das leben will" (Albert Schweitzer) als menschliches Grundbedürfnis voraussetzt, das immer wieder Auswege aus (oder wenigstens Ruhepausen im) ebenfalls unverkennbaren, auf vielen Ebenen stattfindenden Konkurrenzkampf um einen Platz an der Sonne sucht und findet, wird man stets auch auf die elementare Bedeutung von mitmenschlicher Freundlichkeit verwiesen. Sie, die Bereitschaft zu empathischer Zuwendung zum je und je Nächsten ist die soziale Brückenbauerin *par excellence*. Ganz unabhängig davon, ob sich freundliche Zuwendung nun in Gesten, Worten oder Taten äußert – wenn überhaupt, so vermag nur sie es, festgefahrene Situationen aufzulockern und auf diese Weise begehbare Brücken über „tiefe Täler" zu schlagen. „Wenn Weiches sich zu Hartem findet, gibt es einen guten Klang" heißt es in Schillers Lied von der Glocke. Einen guten Klang gibt es deshalb auch, wenn sich abweisend-feindselige Härte von Gestern zu einer friedlich-freundlichen Kulanz von Heute findet. Denn der Ton macht nun mal die Musik.

Der Autor:

Peter Cornelius Mayer-Tasch ist Professor für Politikwissenschaft und Rechtstheorie an der Ludwig-Maximilans-Universtität München und Altrektor der Münchner Hochschule für Politik. Er ist Autor zahlreicher Bücher, zuletzt „Die Kraft der Zuversicht" und „Von Glanz und Elend der Gnade". Im Springer Verlag: Politische Theorie des Verfassungsstaates, Raum und Grenze, Die Macht der Schönheit, sowie als (Mit-)Herausgeber: Die unerschöpfliche Kraft des Einfachen (2016) sowie: Natur denken. Eine Genealogie der ökologischen Idee (2. Aufl. 2019), und Adami Tullu. Die Erinnerungen des Deutsch-Äthiopiers Hermann Goetz (2023).

GPSR Compliance
The European Union's (EU) General Product Safety Regulation (GPSR) is a set of rules that requires consumer products to be safe and our obligations to ensure this.

If you have any concerns about our products, you can contact us on

ProductSafety@springernature.com

In case Publisher is established outside the EU, the EU authorized representative is:

Springer Nature Customer Service Center GmbH
Europaplatz 3
69115 Heidelberg, Germany

www.ingramcontent.com/pod-product-compliance
Lightning Source LLC
LaVergne TN
LVHW011004250326
834688LV00004B/61

*9 7 8 3 6 6 2 6 8 0 8 9 6 *